# KOMM ZUM
# Kaffeeklatsch

DAGMAR REICHEL

# KOMM ZUM
# Kaffeeklatsch

DAGMAR REICHEL

FOTOS VON MIRJAM FRUSCELLA

**KOSMOS**

Unter dieser Rubrik finden Sie
Tricks, Tipps und Kniffe, wie
unsere Rezepte besonders gut
gelingen oder wie Sie sie ganz
einfach abwandeln und veredeln
können. So werden die Backwerke für Ihren Kaffeeklatsch
wirklich ganz besonders fein.

# KOMM ZUM
# *Kaffeeklatsch*

# Komm zum Kaffeeklatsch

## und lass dich verwöhnen

KAFFEEKLATSCH IST NICHT NUR WAS FÜR „ALTE TANTEN". IM GEGENTEIL: KAFFEE, TEE UND KUCHEN SIND ABSOLUT IM TREND! UND WAS GIBT ES SCHÖNERES ALS SICH MITTEN AM TAG EINFACH MAL ZEIT ZUM GENIESSEN ZU NEHMEN?

### CARPE DIEM

In unserer schnelllebigen Zeit ist es echter Luxus, sich einfach mal ein paar schöne Stunden zu gönnen. Nehmen Sie sich die! Unbedingt! Erlauben Sie sich den Spaß einer spontanen Nachmittagseinladung an Ihre Freundinnen. Zelebrieren Sie einen feierlichen Anlass mal wieder mit einer richtig üppigen Kaffeetafel. Wie wäre es mit einem vielfältigen süßen Buffet oder laden Sie doch mal zu einem geselligen Backnachmittag ein. Ein passender Anlass findet sich eigentlich immer ...

### VORFREUDE IST DIE SCHÖNSTE FREUDE

Blättern Sie in diesem Buch und freuen Sie sich an vielen Anregungen. Wir haben für Sie verschiedene Anlässe und Mottos zusammen getragen und uns von fernen Ländern und Kulturen, den süßen Früchten in Nachbars Obstgarten, von Omas alten Kuchengeheimnisse ebenso wie von ganz modernen Backtrends aus aller Welt inspirieren lassen. Juckt es Sie nicht schon in den Fingern, das eine oder andere Rezept sofort auszuprobieren, den Tisch schön zu decken, liebe Gäste einzuladen und Ihren ganz persönlichen Kaffeeklatsch zu zelebrieren?

### VERZAUBERN SIE SICH UND ANDERE

Manchmal sind es die kleinen Dinge, die uns ganz besonders verzaubern. Und deshalb finden Sie außer Rezepten für wunderbares Gebäck und feine Getränke auch jede Menge kreative Ideen für ein liebevolles Drumherum. Ganz einfach ist eine Einladung aus einem Pappteller geschnitten, mit Tortenspitze lässt sich vieles elegant veredeln, Blumen sorgen für ein stimmungsvolles Ambiente. Und hätten Sie gedacht, dass sogar eine Pudelmütze bei einem Kaffeeklatsch stilvoll zum Einsatz kommen kann? Lassen Sie sich zum Genießen verführen.

HAST DU MORGEN
*Zeit?*

WENN GANZ SPONTAN DIE
LUST AUF KUCHEN KOMMT,
DANN LADEN SIE DOCH OHNE
VIEL AUFWAND ZUM ZWANG-
LOSEN KAFFEEKLATSCH EIN.
DIE BACKWERKE DAZU SIND
GANZ SCHNELL GEMACHT.

# Einfach und schnell

## dekorieren mit Papptellern

BEIM SPONTANEN KAFFEEKLATSCH GILT AUCH FÜR DIE DEKO:
SO EINFACH WIE MÖGLICH! DIESE KLEINEN NETTIGKEITEN HABEN
WIR UNS EINFALLEN LASSEN ...

Ein wenig Deko darf schon sein und so finden Sie hier eine kleine Auswahl an schnell verwirklichten, aber dennoch sehr ansprechenden Ideen für den schnell gedeckten Kaffeetisch. Halten Sie am besten alles in einem Farbton oder ganz dezent in Weiß und Creme, dann bleibt auch das lässige Motto erhalten.

### EINGELADEN

Keine große Sache, aber dennoch hübsch ist eine förmliche Einladung. Warum diese also nicht einfach der Dekoration anpassen und ein Kuchenstück aus einem weißen Pappteller ausschneiden? Darauf lassen sich dann die wichtigen Eckdaten für die Einladung mit einem schönen Stift festhalten. Aber so unkompliziert und puristisch wie der ungezwungene Kaffeeklatsch am nächsten Tag!

### AUSGESCHNITTEN

Besonders hübsch sehen aus Pappe oder Pappteller ausgeschnittene Löffel aus, die Sie kreuz und quer über den Tisch verteilen. Wenn Sie mögen, können Sie daraus auch simple Platzkarten zaubern – einfach Name drauf und fertig! Oder Sie beschriften damit die Kuchenauswahl ...

### VERZIERT

Servieren Sie einfach mal den Kuchen auf Papptellern. Schön sieht es aus, wenn Sie die weißen Pappteller dafür ein wenig aufhübschen: Schneiden Sie den Rand des Tellers im Wellenmuster zu oder verzieren Sie ihn mit schlichten Stempelmotiven. Oder stanzen Sie mit einem Motivlocher lustige Formen in den Tellerrand.

## UMWICKELT

Blumen dürfen auch auf der schlichtesten
Kuchentafel nicht fehlen – sie geben einfach
einen frischen und natürlichen Akzent und
sind eine wirklich schnelle Deko. Schlichte
Vasen oder einzelne Glasflaschen werden, mit
Paketschnur bzw. einfarbigen Gummis und
Papier umwickelt, zu besonderen Hinguckern.

## AUFGEHÄNGT

Wenn Sie auch noch die Wand mit in die Deko
mit einbeziehen wollen, sind Sie mit einem
hübschen Arrangement aus Papptellern in unter-
schiedlichen Größen auf der richtigen Spur –
so bleibt alles beim gleichen Motto! Sie können auch mit einfachen Mitteln ein dezentes
Muster in die Pappteller prägen: Verwenden Sie
am besten kleine Steinchen oder Kugeln, die
Sie von unten gegen den Teller drücken. Oder
bekleben Sie die Pappteller mit farblich passenden, schlichten Perlen.

Lassen Sie dem Teig richtig viel Zeit, damit er auch in der Form noch einmal gehen kann. So wird der Kuchen schön locker und luftig und schmeckt besonders gut. Und wenn Sie die angegebene Menge der Zutaten verdoppeln, können Sie den Kuchen auf einem großen Backblech für eine größere Gruppe zubereiten.

# Zimt- und Zuckerkuchen

## aus leckerem Hefeteig

DIESER FEINE HEFEKUCHEN DAUERT ZWAR EIN BISSCHEN, ABER ER SCHMECKT UMSO BESSER, JE MEHR ZEIT MAN IHM GIBT.

## Zutaten für 1 Kuchen

- 10 g frische Hefe
- 1 EL Vanillezucker
- 75 ml Milch
- 200 g Mehl
- 1 Prise Salz
- 50 g weiche Butter
- 1 Ei (Größe M)
- 3 EL Sahne
- 4 EL gehobelte Mandeln
- 50 g Butter
- 3 EL Zimtzucker

## besonderes Werkzeug
· Spring- oder Tarteform
  Ø 20 cm

## Zeitbedarf
· 20 Minuten zubereiten
· 90 Minuten gehen
· 12 Minuten backen

## So geht's

1. Hefe mit Zucker und der Hälfte der lauwarmen Milch verrühren. Das Mehl mit dem Salz mischen und in eine Schüssel geben, eine Mulde formen und die Hefemischung hineingeben. Langsam rühren und dabei etwas Mehl mit in die Hefe mischen. Die angerührte Hefemischung an einem warmen Ort ca. 15 Minuten gehen lassen.

2. Dann die restliche Milch, die in Würfel geschnittene weiche Butter und das Ei zugeben und mit den Knethaken des Handrührgeräts oder den Händen einen geschmeidigen Teig kneten. Von allen Seiten mit Mehl bestäuben und in der Schüssel an einem warmen Ort mindestens 45 Minuten gehen lassen.

3. Den Teig noch einmal durchkneten, damit die Luft entweichen kann, ausrollen und in eine mit Backpapier ausgelegte oder eingefettete Springform legen. Erneut ca. 30 Minuten gehen lassen.

4. Den Backofen auf 200 °C (Umluft 180 °C) vorheizen. Für den Belag die Sahne mit den Mandeln mischen und auf dem Teig verteilen. Die Butter in Flöckchen darauf verteilen und den Zimtzucker darüber streuen. Im heißen Ofen ca. 12 Minuten backen.

## Die Variante

### Puddingschnecken
Aus 200 ml Milch, 2 EL Zucker und ½ Päckchen Vanillepuddingpulver nach Packungsanweisung einen Pudding zubereiten. 1 Packung TK-Blätterteig ausrollen und mit dem ausgekühlten Puddings bestreichen. Den Blätterteig von der schmalen Seite her eng aufrollen und die Rolle in 6 gleichmäßige Scheiben schneiden. Die Schnecken auf ein mit Backpapier belegtes Backblech legen und bei 200 °C 15 – 20 Minuten backen, bis sie goldgelb sind. Nach Belieben die noch warmen Puddingschnecken mit 3 EL erwärmter Aprikosenkonfitüre bestreichen.

# Brandteigbällchen
## *mit feiner Cremefüllung*

PROFITEROLES HEISSEN SIE IN ITALIEN UND FRANKREICH. DER TEIG IST SCHNELL ZUBEREITET UND VERSCHIEDENE FÜLLUNGEN BRINGEN ABWECHSLUNG.

### Zutaten für 40 Bällchen

250 ml Milch oder Wasser

1 Prise Salz, 50 g Butter

150 g Mehl, 4 Eier (Größe M)

### Für die Minz-Buttercreme

1 Päckchen Vanillepuddingpulver

500 ml Milch, 2 EL Zucker

1 Prise Salz, 150 g weiche Butter

3 EL Puderzucker, 2 Stängel Minze

grün eingefärbter Zuckerguss

### Für die Ricottacreme

250 g Ricotta, 1 EL Milch

1 EL Orangensaft, 2 EL Zucker

2 EL Pinienkerne

etwas Bio-Orangenschale

Puderzucker zum Bestäuben

### besonderes Werkzeug
• Spritzbeutel

### Zeitbedarf
• 30 Minuten
• 15 Minuten backen

### So geht's

1. Für den Brandteig die Milch oder das Wasser mit Salz und Butter in einem Topf unter Rühren aufkochen lassen. Das Mehl in die kochende Flüssigkeit geben und rühren, bis sich eine glatte Masse und schließlich ein Kloß bildet [→ a].

2. Den Teigkloß in eine Schüssel geben und etwas abkühlen lassen. Die Eier einzeln unterrühren, am besten geht das mit dem Handrührgerät oder einem Kochlöffel. Die Masse wird dabei schön glatt und glänzend.

3. Den Backofen auf 220 °C (Umluft 200 °C) vorheizen. Ein Backblech mit Backpapier auslegen und den Brandteig entweder mit zwei Teelöffeln oder einem Spritzbeutel mit Sterntülle in kleine etwa walnussgroße Häufchen auf das Backblech geben, dabei etwas Abstand lassen. Die Teigbällchen im heißen Ofen ca. 15 Minuten backen [→ b], bis sie goldgelb sind. Herausnehmen und abkühlen lassen.

4. Für die Minz-Buttercreme den Pudding mit Milch, Zucker und Salz nach Packungsanweisung zubereiten und erkalten lassen. Den auf Zimmertemperatur abgekühlten Pudding dann esslöffelweise mit dem Handrührgerät unter die zimmerwarme Butter rühren. Den Puderzucker ebenfalls unterrühren. Die Minze waschen, trocken schütteln, die abgezupften Blättchen fein hacken und unter die Buttercreme mischen.

5. Für die Ricottacreme den Ricotta mit Milch, Orangensaft und Zucker glatt rühren. Die Pinienkerne fein hacken und zusammen mit der abgeriebenen Orangenschale unter die Creme rühren.

6. Die jeweilige Füllung in einen Spritzbeutel mit Lochtülle geben und seitlich in die Brandteigbällchen einspritzen. Die mit Minz-Buttercreme gefüllten Bällchen mit einem grün eingefärbten Zuckerguss aus 150 g Puderzucker, 2–3 EL Zitronensaft und ein paar Tropfen grüner Lebensmittelfarbe bestreichen. Die mit Ricottacreme gefüllten Bällchen mit Puderzucker bestäuben.

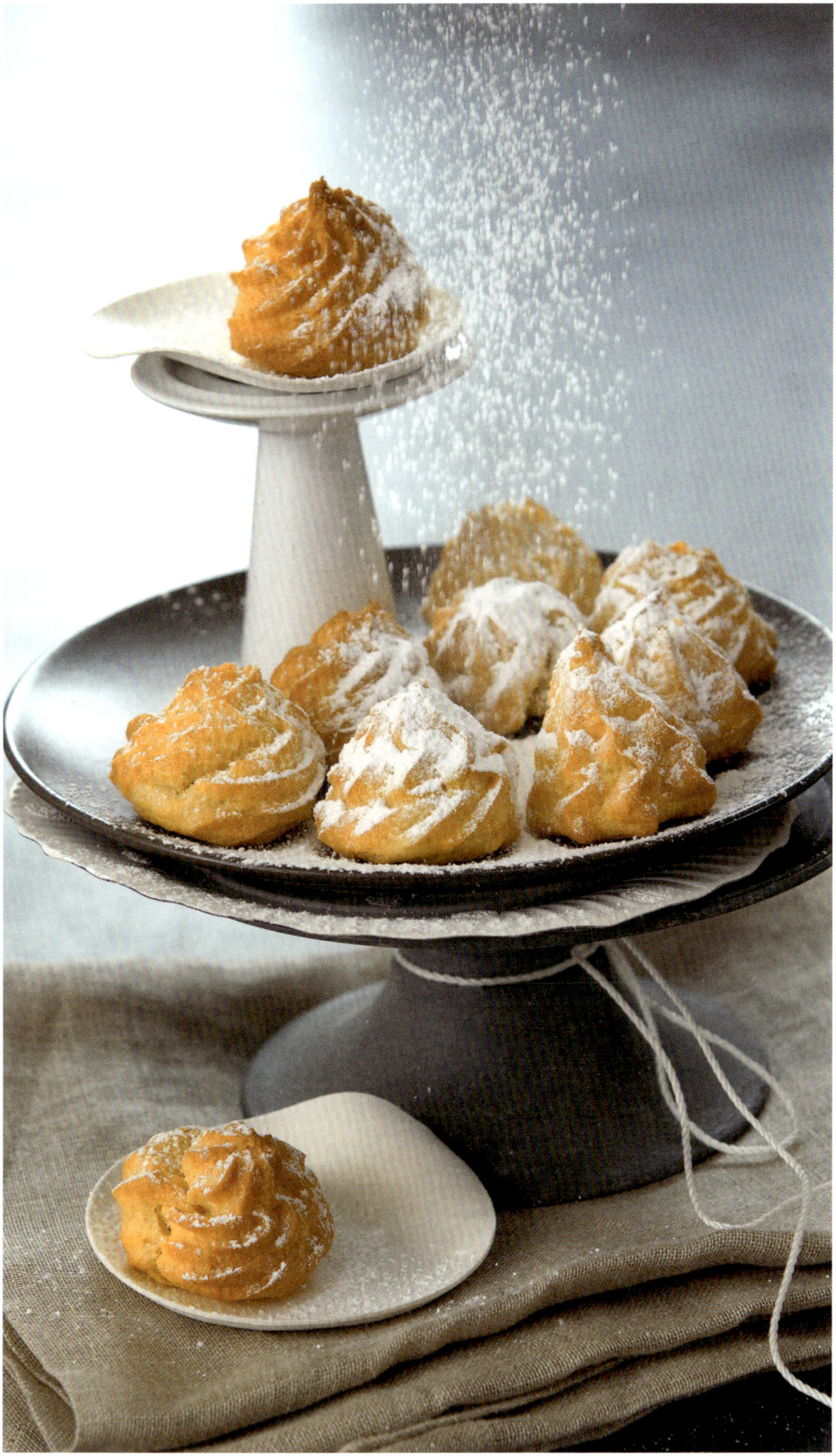

DAS IST *wirklich* WICHTIG

**[a] ABBRENNEN** Der Teigkloß muss im Topf so lange gerührt werden, bis der Topfboden von einer dünnen weißen Schicht überzogen ist. Nun ist die Stärke aus dem Mehl „verkleistert“, das Gebäck bekommt später eine schöne Kruste und geht gut auf.

**[b] LOCKER UND LUFTIG** Besonders gut gehen die Bällchen auf, wenn Sie auf den Backofenboden eine hitzebeständige Schüssel mit Wasser stellen. So entwickelt sich ein Dampfklima, das den Brandteig besonders locker und fluffig aufgehen lässt.

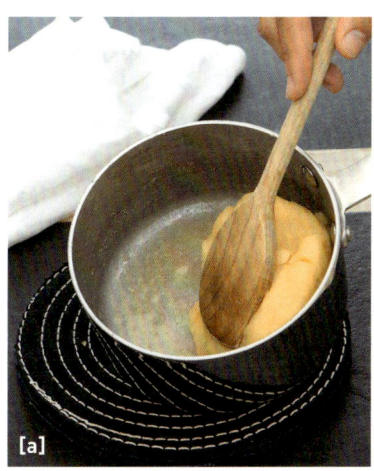

[a]

# Maracujablondies

*fruchtig-fein*

DIE HELLEN SCHWESTERN DER BROWNIES WERDEN HIER FRUCHTIG-FRISCH
MIT MARACUJASAFT VEREDELT.

## Zutaten für ca. 20 Rauten

100 g Butter

100 g weiße Schokolade

2 Eier (Größe M)

100 g Zucker

1 Prise Salz

100 ml Maracujasaft oder
Fruchtfleisch von 3–4 Maracujas

250 g Mehl

100 g gemahlene Haselnüsse

75 g weiße Kuvertüre

**besonderes Werkzeug**
• Springform Ø 26 cm

**Zeitbedarf**
• 25 Minuten
• 20 Minuten backen

## So geht's

1. Die Butter in einem Topf schmelzen und abkühlen lassen. Die Schokolade fein reiben. Die Eier mit Zucker und Salz cremig rühren und den Maracujasaft unter die Eiermischung rühren.

2. Den Backofen auf 180 °C (Umluft 160 °C) vorheizen und die Springform einfetten. Mehl, geriebene Schokolade und Haselnüsse mischen. Die abgekühlte Butter unter die Eiermasse rühren, dann die Mehlmischung mit einem Kochlöffel zügig unterheben, sodass eine homogene Masse entsteht. Den Teig in die Springform geben, glatt streichen und im heißen Ofen 15–20 Minuten backen. Aus dem Ofen nehmen und auf einem Gitter abkühlen lassen.

3. Inzwischen die Kuvertüre über einem Wasserbad schmelzen, dann in einen Plastikbeutel füllen und die Spitze nur ganz wenig abschneiden. Die ausgekühlten Blondies mit geschmolzener weißer Kuvertüre in feinen Streifen verzieren und in Rauten schneiden.

# Mohn-Birnen-Kuchen
## *aus der Kastenform*

DIE BIRNEN MACHEN DIESEN KASTENKUCHEN WUNDERBAR SAFTIG UND DER MOHN GIBT IHM DAS GEWISSE ETWAS UND EINEN KNACKIGEN BISS.

### Zutaten für 1 Kuchen

2 kleine Birnen (ca. 350 g)

2 EL Zitronensaft

200 g weiche Butter

150 g Zucker

2 EL abgeriebene Bio-Zitronenschale

250 g Mehl

1 EL Backpulver

100 g frisch gemahlener Mohn

3 Eier (Größe M)

Puderzucker zum Bestäuben

### besonderes Werkzeug
• Kastenform 28 cm

### Zeitbedarf
• 20 Minuten
• 50 Minuten backen

### So geht's

1. Die Birnen schälen, auf einer Haushaltsreibe fein reiben und mit dem Zitronensaft mischen. Die Butter mit dem Zucker und nach Belieben abgeriebener Zitronenschale cremig rühren.

2. Den Backofen auf 180 °C (Umluft 160 °C) vorheizen. Die Kastenform einfetten und mit etwas Mehl ausstäuben. Mehl, Backpulver und Mohn mischen. Die Eier nach und nach unter die Butter-Zucker-Masse rühren und die geriebenen Birnen unterrühren. Die Mehlmischung darübergeben und zügig, aber sorgfältig untermischen. Den Teig in die vorbereitete Kastenform geben, glatt streichen und im heißen Ofen 45–50 Minuten backen.

3. Den Kuchen aus dem Ofen nehmen und in der Form vollständig auskühlen lassen. Den abgekühlten Kuchen auf eine Platte stürzen und mit Puderzucker bestäubt servieren.

**STÄBCHENPROBE** Machen Sie bei Rührteigen immer die Stäbchenprobe, ob der Kuchen nach der angegebenen Backzeit auch wirklich durchgebacken ist. Stecken Sie dafür ein Holzstäbchen (Schaschlikspieß) bis zum Boden in den Kuchen. Bleibt kein Teig mehr haften, ist der Kuchen fertig und kann aus dem Ofen genommen werden. Andernfalls lassen Sie den Kuchen noch für weitere 5–10 Minuten und machen dann die Probe erneut. Droht die Oberfläche zu dunkel zu werden, einfach mit Alufolie abdecken.

Zum Transportieren, Servieren
oder auch Verschenken können
Sie die Whoopies in hübsche
Muffin-Papierförmchen legen.
Mit Puderzucker und einer einfachen Papierschablone werden
sie „herzig" verziert.

# Whoopies
## *mit Marshmallow-Füllung*

DIESE WEICHEN KEKSE SIND DER RENNER IN AMERIKA. SIE WERDEN UNTERSCHIEDLICH GEFÜLLT, DER KLASSIKER IST DIE MARSHMALLOW-CREME.

## Zutaten für ca. 25 Whoopies

- 120 g weiche Margarine
- 200 g brauner Zucker
- 1 EL Vanillezucker
- 1 Ei (Größe M)
- 3 EL Kakaopulver
- 250 g Mehl
- 2 TL Backpulver
- 1 TL Salz
- 150 ml Milch

### Füllung

- 120 g Marshmallow-Aufstrich (Spezialitätenregal im Supermarkt)
- 2 EL Frischkäse
- 3 EL cremige Erdnussbutter
- Puderzucker nach Belieben

### Zeitbedarf
- 15 Minuten
- ca. 25 Minuten backen

## So geht's

1. Den Backofen auf 180 °C (Umluft 160 °C) vorheizen und zwei Backbleche mit Backpapier auslegen. Die Margarine mit Zucker und Vanillezucker cremig rühren. Das Ei unterrühren. Kakao, Mehl, Backpulver und Salz miteinander mischen. Dann die Mehlmischung abwechselnd, aber zügig mit der Milch unter die Margarinemasse rühren.

2. Den Teig portionsweise mit einem Esslöffel in Kreisen von ca. 3 cm Durchmesser mit reichlich Abstand aufs Blech geben. Nur so bekommen die Kekse eine schöne runde Form und kleben nicht zusammen. Es sollen ca. 50 Kekse werden. Die Kekse nacheinander im heißen Ofen (Mitte) ca. 12 Minuten backen. Herausnehmen und abkühlen lassen.

3. Inzwischen für die Füllung den Marshmallow-Aufstrich mit dem Frischkäse und der Erdnusscreme zu einer glatten Masse verrühren.

4. Die Hälfte der Whoopie-Kekse mit der Füllung bestreichen oder die Füllung mit einem Spritzbeutel aufspritzen, die zweite Hälfte der Kekse auflegen und leicht andrücken. Nach Belieben mit Puderzucker bestäuben.

## Die Variante

### Cheesecake im Glas
120 g Butterkekse zerbröseln und mit 40 g geschmolzener Butter vermischen. Diesen Bröselteig etwa 1 cm hoch in 6 Dessertgläser drücken. Darauf jeweils 1 EL Lemoncurd geben. Aus 200 g Doppelrahmfrischkäse, 100 g geschlagener Sahne, 2 EL Zitronensaft, abgeriebener Zitronenschale und 2 Päckchen Vanillezucker eine glatte Creme rühren. Diese Frischkäsecreme auf dem Lemoncurd verteilen und die Gläser vor dem Servieren 3 Stunden kalt stellen.

**ganz besonders fein**

Für die Bier-Puddingcreme das Bier erst nach dem Aufkochen in den heißen Pudding einrühren. So bleibt der feine Geschmack des Biers am besten erhalten. Das Bier vorsichtig zugießen, denn die Kohlensäure schäumt beim Einrühren in die heiße Flüssigkeit. Das ist jedoch wichtig, denn die Kohlensäure muss entweichen, damit die Creme schön glatt wird.

# Bier-Cremeschnitten
## *für den herben Genuss*

DIE KLASSISCHE CREMESCHNITTE FÜR MÄNNLICHE GENIESSER EIN WENIG ABGEWANDELT. LEGEN SIE MAL EINEN GEMÜTLICHEN HERREN-NACHMITTAG EIN.

## Zutaten für 32 Schnitten

2 Packungen TK-Blätterteig (à 275 g)

### Für die Bier-Creme

300 ml Milch

1 Päckchen Vanillepuddingpulver

2–3 EL Zucker

100 ml dunkles Bier oder Malzbier

200 g Schmand

### Für den Bier-Zuckerguss

150 g Puderzucker

3 EL dunkles Bier oder Malzbier

## So geht's

1. Den Backofen auf 220 °C (Umluft 200 °C) vorheizen. Jede Blätterteigplatte in 16 Teile (je ca. 7 x 6 cm groß) schneiden. Die Stücke auf zwei mit Backpapier belegte Backbleche legen und im heißen Ofen 10–12 Minuten backen. Aus dem Ofen nehmen und abkühlen lassen.

2. Für die Bier-Creme die Milch aufkochen. In der Zwischenzeit das Puddingpulver mit dem Zucker und etwas Milch verrühren. Diese Mischung unter Rühren zur aufgekochten Milch geben, erneut aufkochen und das Bier untermischen. Den Pudding etwas abkühlen lassen, dann mit dem Schmand zu einer glatten Masse verrühren.

3. Aus Puderzucker und Bier einen Zuckerguss anrühren. Die abgekühlten Blätterteigstücke längs halbieren. Die oberen Hälften mit Zuckerguss bestreichen. Auf die unteren Hälften je 1–2 EL Bier-Creme streichen und mit den Oberteilen belegen. Im Kühlschrank mindestens 2 Stunden fest werden lassen.

## Zeitbedarf
- 15 Minuten
- ca. 25 Minuten backen

# Ofenschlupfer

## *mit Himbeersauce*

MIT FEINER HIMBEERSAUCE WIRD DIESE SCHNELLE RESTEVERWERTUNG
EIN LECKERES HIGHLIGHT BEI JEDEM KAFFEEKLATSCH.

**Zutaten für 6 Förmchen**

2 altbackene Croissants

200 ml Milch

2 Eier (Größe M)

100 g Topfen

3 EL Vanillezucker

2 EL gehackte Macadamianüsse
oder Pistazien

**Für die Sauce**

50 ml Apfelsaft

etwas abgeriebene Schale einer
Bio-Orange

3 – 4 EL Vanillezucker

200 g TK-Himbeeren

1 – 2 TL Speisestärke

Fett für die Förmchen

**besonderes Werkzeug**
• 6 ofenfeste Förmchen oder
  Gläser à 250 ml

**Zeitbedarf**
• 10 Minuten
• 25 Minuten backen

**So geht's**

1. Die Croissants in ca. 1 cm dicke Scheiben schneiden. Die Milch mit
   den Eiern, dem Topfen und dem Vanillezucker verquirlen.

2. Den Backofen auf 180 °C (Umluft 160 °C) vorheizen und die Förmchen einfetten. Die Croissantscheiben auf die Förmchen verteilen,
   mit den gehackten Nüssen bestreuen und mit der Topfenmilch
   übergießen. Die Scheiben dabei mit einem Löffel etwas nach unten
   drücken, sodass die Milch schön darüberfließen kann. Im heißen
   Ofen (Mitte) ca. 25 Minuten backen, bis die Milch gestockt ist und
   sich eine goldgelbe Kruste bildet.

3. Inzwischen für die Sauce den Apfelsaft mit Orangenschale und
   Vanillezucker aufkochen lassen. Die Himbeeren zugeben und auf-
   tauen lassen. Die Sauce durch ein Sieb passieren und nach Belieben mit etwas angerührter Speisestärke andicken. Die Sauce
   zu den lauwarmen oder kalten Ofenschlupfern servieren.

# Pavlova
## mit Zitrusfrüchten

**DIE ZITRUSFRÜCHTE MACHEN DEN CREMIGEN BELAG AUF KNUSPRIG-LEICHTEM BAISERBODEN SO RICHTIG SCHÖN SPRITZIG.**

### Zutaten für 4 Portionen

4 Eiweiß (Größe M)

200 g Puderzucker

1 EL Zitronensaft (ersatzweise Essig)

1 EL Orangenblütenwasser

1 EL Speisestärke

### Für den Belag

200 g Sauerrahm

200 g Mascarpone

1 EL Vanillezucker

2 Bio-Orangen

1 Grapefruit

2–3 EL feine Schokoladenraspel und/oder gehackte Pistazien

### besonderes Werkzeug
· Backblech 20 x 30 cm

### Zeitbedarf
· 15 Minuten
· 60 Minuten backen

### So geht's

1. Den Backofen auf 150 °C (Umluft 130 °C) vorheizen und ein Backblech mit Backpapier belegen. Die Eiweiße zu sehr steifem Schnee schlagen. Dann den Puderzucker zufügen und so lange weiter schlagen, bis eine glänzende Masse entsteht. Zitronensaft und Orangenblütenwasser unterrühren. Dann die Speisestärke zugeben und ebenfalls gut untermischen. Die Eischneemasse auf das Backpapier streichen, dabei Wellen formen. Den Ofen auf 120 °C (Umluft 100 °C) zurückschalten und die Baisermasse 60 Minuten backen.

2. In der Zwischenzeit für den Belag Sauerrahm mit Mascarpone und Vanillezucker zu einer glatten Masse verrühren. Eine Orange heiß waschen, abtrocknen und die Schale fein abreiben. Die Schale unter die Creme rühren. Beide Orangen und die Grapefruit mitsamt der weißen Haut schälen und filetieren, dabei den Saft auffangen und unter die Mascarponecreme rühren.

3. Den Baiserboden aus dem Ofen nehmen und etwas abkühlen lassen. Dann die Mascarponecreme aufstreichen und die Zitrusfilets darauf verteilen. Nach Belieben mit Schokoladenraspel und/oder Pistazien garnieren.

### Die Variante

**Pavlova im Glas**
150 g Baisergebäck grob zerbröseln. Die Mascarponecreme wie beschrieben zubereiten und 1 TL abgeriebene Schale einer Bio-Limette unterrühren. 250 g frische Erdbeeren verlesen, waschen und putzen und je nach Größe halbieren oder vierteln. Nun abwechselnd eine Schicht Baiserbrösel, Creme und Früchte auf 4 Dessertgläser verteilen. So fortfahren und mit einer Schicht Brösel enden. Nach Belieben mit 2 EL gerösteten Mandelblättchen garnieren.

# Kaffee, Tee, Likör

## *ganz ladylike*

DAS WIRD IHREN FREUNDINNEN SCHMECKEN: CREMIGER MOCCACCINO, FRUCHTIG-DUFTIGER TEEPUNSCH UND SELBST GEMACHTER LIKÖR.

### MOCCACCINO

Für 1 Tasse (250 ml) geben Sie 1 EL Schoko-ladensauce (Fertigprodukt) in die Tasse und gießen mit 200 ml heißer Milch auf. Nun gut umrühren, sodass sich die Schokoladensauce auflösen und mit der Milch verbinden kann. Zum Schluss wird ein frisch gebrühter Espresso und nach Belieben etwas Milchschaum zu-gegeben und schon kann der Moccaccino serviert werden.

## TEE-PUNSCH

Für ca. 1 Liter Tee-Punsch kochen Sie 600 ml Wasser auf, mischen es mit 150 ml kaltem Wasser und gießen das so abgekühlte Wasser über 2 TL Jasmintee. Den Tee je nach Geschmack 1–3 Minuten ziehen lassen und über ein Teesieb abgießen. Geben Sie nun jeweils 100 ml Ananas- und Orangensaft zu und verfeinern Sie den Punsch nach Belieben mit 2–3 EL Cointreau oder Pflaumenwein.

## CHAI

Für ca. 1 Liter 750 ml Wasser und 250 ml Milch in einem Topf mit 10 Kardamomkapseln (leicht angedrückt), 5 Nelken, 2 Zimtstangen und 1 kleinen Stück Ingwer (schälen und grob zerkleinern) aufkochen und zugedeckt ca. 15 Minuten leicht köcheln lassen. Dann 2 EL Schwarztee zugeben und ca. 3 Minuten ziehen lassen. Dann den Chai durch ein Sieb abgießen und mit Honig zum Süßen servieren.

## SELBST GEMACHTE LIKÖRE

Ein Gläschen pur, mal übers Eis oder auch on the rocks – diese selbst gemachten Liköre machen beim spontanen Kaffeeklatsch echt was her und lassen sich – in kleine Fläschchen abgefüllt – auch gut verschenken. Wichtig: Die Liköre vor dem Servieren einmal kräftig aufschütteln.

**Mokka-Gewürz-Likör** Für ca. 600 ml Likör kochen Sie 400 ml Sahne mit 4 EL löslichem Espressopulver, 8 EL Zucker, 15 Nelken, 3–4 Zimtstangen, 20 Kardamomkapseln (leicht angedrückt), 2 Muskatblüten und 3 Stücken frisch abgeschälter Orangenschale in einem Topf auf. Lassen Sie die Gewürzsahne ca. 5 Minuten bei schwacher Hitze köcheln und geben Sie dann die Sahne durch ein feines Sieb. Mit 8 EL Amaretto und 100–120 ml Wodka oder Cognac aufgießen und in einer fest verschließbaren Flasche kühl aufbewahren.

**Karamell-Kokos-Likör** Für ca. 500 ml Likör lassen Sie 120 g Zucker in einem Topf hellbraun karamellisieren. Geben Sie vorsichtig 300 ml Kokosmilch, 6 EL Kokosflocken und 1 TL Meersalz hinzu und köcheln Sie die Mischung ca. 5 Minuten bei schwacher Hitze. Dann gut 20 Minuten bei abgeschaltetem Herd ziehen lassen und anschließend durch ein Sieb gießen. Mit 200 ml weißem oder braunem Rum aufgießen, gut vermischen und in einer fest verschließbaren Flasche kühl aufbewahren.

# Mokka, Coretto, Brûlot
## Nichts für Milchschaumschlürfer

MÄNNER MÖGEN ES GERNE ETWAS KRÄFTIGER. SERVIEREN SIE DEN „HARTEN JUNGS" DOCH MAL EINEN ORIENTALISCHEN MOKKA ODER EINEN FLAMBIERTEN CAFÉ BRÛLOT.

### MOKKA

Orientalischer Mokka wird klassischerweise in einem Stielkännchen aus Kupfer oder Messing zubereitet. Als Kaffee verwendet man stark gerösteten und sehr fein gemahlenen Mokka, der meist eine Mischung aus arabischen oder afrikanischen Kaffeesorten ist. Für die Zubereitung 1 EL Kaffeemehl und 1 EL Zucker in das Kännchen geben und 1 Tasse Wasser zugießen. Das Kännchen nun auf den Herd stellen und erhitzen, bis der Kaffee kocht. Vom Herd nehmen, umrühren und erneut aufkochen. Diesen Vorgang insgesamt dreimal wiederholen. Nach dem dritten Mal etwas warten, sodass sich das Kaffeemehl am Boden absetzen kann. Den Kaffee mitsamt Schaum dann vorsichtig in ein Mokkatässchen gießen und servieren. Nach Belieben kann der Mokka auch mit etwas Rosenwasser aromatisiert werden.

### CAFFÈ CORETTO

Pro Portion 2 cl Grappa in eine Espressotasse geben und mit einem frisch gebrühten Espresso – aus dem Kännchen oder der Maschine – aufgießen. Den Caffè Coretto servieren und nach Belieben mit Zucker süßen.

### CAFÉ BRÛLOT

5 cl Cognac und 1 cl Grand Marnier in einem Töpfchen zusammen mit 2 Stücken Orangenschale, 1 Stück Zitronenschale, 1 Zimtstange, 2 Kardamomkapseln und 2 EL Zucker erhitzen – aber nicht aufkochen –, bis sich der Zucker vollständig aufgelöst hat. Die Mischung flambieren und auf 2 Kaffeegläser verteilen. In jedes Glas nun 100–150 ml frisch gebrühten Kaffee dazugießen, umrühren und nach Belieben mit etwas Schlagsahne garniert servieren.

### MANDELIGER ESPRESSO-DRINK

Pro Portion einige Eiswürfel und 1 EL Mandelsirup in einen Shaker geben. 2 frisch gebrühte Espressi darübergießen und kräftig schütteln. 2 cl Wodka in den Shaker gießen und erneut kräftig schütteln, damit sich die Zutaten verbinden. In ein Cocktailglas 2–3 EL fein zerstoßene Eiswürfel geben. Den Drink durch ein Sieb in das Cocktailglas gießen und servieren.

**ALKOHOLFREIER FRUCHTCOCKTAIL** Sind Kinder beim Kaffeeklatsch dabei, freuen sie sich sicher über diesen Cocktail. Für 1 Glas (250 ml) 50 g helle kernlose Trauben verlesen, waschen und in einen hohen Rührbecher geben. ½ Banane, 200 ml Orangensaft, 1 EL Zitronensaft und 3 Blättchen Basilikum oder Minze zugeben und sehr fein pürieren. Mit Strohhalm und Eiswürfeln servieren.

WILLKOMMEN

*Marlene*

AM KUCHENBUFFET SONNTAG 20.14.

# KLATSCH AM *Buffet*

DIREKT VON DER HAND IN
DEN MUND WANDERN DIE
SÜSSEN KLEINIGKEITEN ZUM
VERNASCHEN. UND AUCH
BEI DEN GETRÄNKEN GILT:
SELBSTBEDIENUNG.

# Blumig und verspielt

## mit Tortenspitze

EINE EINLADUNG ZUM KUNTERBUNTEN KUCHEN- UND GEBÄCKBUFFET VERLANGT
NACH EINER DEZENTEN, ABER EFFEKTVOLLEN DEKO – SEHEN SIE SELBST!

## AUF DIE FÖRMCHEN – FERTIG – LOS!

Für ein üppiges Buffet werden Sie die Gäste
sicher mit einer konkreten Einladung zu sich
bitten. Besonders persönlich wird es, wenn
Sie jeden Gast individuell in der Einladung an-
zusprechen. Schreiben Sie den Namen auf ein
platt gedrücktes bzw. gebügeltes Muffin-Papierförmchen und nähen oder kleben Sie es auf
eine Klappkarte. Dazwischen können Sie zusätzlich auch noch eine farblich passende kleine
Tortenspitze einnähen, das verbindet schon
die Einladung mit der späteren Dekoration.

## AUF DEM BUFFET

Bereiten Sie eine passende Tischdecke als Unterlage für das Kuchenbuffet vor. Legen Sie dazu
unterschiedliche Tortenspitzen auf ein ausge-
dientes Laken oder eine simple Tischdecke und
sprühen oder tupfen Sie in der passenden Farbe
(Sprühlack bzw. Stofffarbe) darüber – so erhalten Sie wunderschöne Muster. Eine andere
Möglichkeit: Zeichnen sie Kreise vor und nähen
Sie diese mit etwas dickerem, farblich passendem Garn nach.

## IM GLAS

Blümchen und Vasen gehören unbedingt auf
ein Kuchenbuffet. Passend zur Saison und
der jeweiligen Deko-Farbe können Sie dafür
ein Loch in platt gebügelte Muffinförmchen
bzw. kleine Tortenspitzen schneiden. Durch
das Loch stecken sie dann einzelne blühende
Zweige, große Blüten oder Mini-Sträußchen.
Verwenden Sie als Vasen hohe Sekt- oder
Cocktailgläser mit Fuß.

## HOCHSTAPELEI

Besonders schön für ein Buffet sind Etageren.
Sie machen die Tafel lebendig und verändern die
Perspektive. Dazu brauchen Sie keine Etagere
zu kaufen – stapeln Sie einfach schöne Teller,
Tassen und umgedrehte Gläser übereinander
und schon finden die kleinen Teilchen Platz auf
mehreren Stockwerken.

## ALLE AUF DIE PLÄTZE ...

Zuerst die Schlacht am Buffet, doch dann soll
natürlich jeder auch seinen Platz zum Genießen
finden. Kleine feine Platzkärtchen sind schnell
gemacht: Beschriften Sie Muffinförmchen,
die Sie vorher platt drücken bzw. bei niedriger
Temperatur bügeln, mit den Namen der Gäste
und stecken Sie diese an Gläser oder legen
Sie sie mit Kuchengabel und Löffel auf den
jeweiligen Platz.

# Bunte Macarons
## *mit feiner Buttercreme*

DIESE FEINEN WINZIGKEITEN ERLEBEN SEIT EINIGER ZEIT EINE RENAISSANCE AUF DEN KAFFEETAFELN DER WELT – AUCH HIER DÜRFEN SIE NICHT FEHLEN!

### Zutaten für 40 Macarons

150 g Puderzucker

90 g fein gemahlene Mandeln (blanchiert)

2 Eiweiß (Größe M)

1 Prise Salz, 30 g Zucker

### Für die Buttercreme

½ Päckchen Vanille- oder Sahnepuddingpulver

2 EL Zucker, 250 ml Milch

100 g weiche Butter

### Zum Aromatisieren und Färben

ein paar Tropfen gelbe Lebensmittelfarbe, 1 TL Zucker 10–15 Safranfäden

1 EL Heidelbeersaft, 2 EL Heidelbeermarmelade

1 TL Vanilleessenz oder -mark 50 g Sahne, 50 g weiße Schokolade

### Zeitbedarf

· 45 Minuten
· 30 Minuten ruhen
· 20 Minuten backen

### So geht's

1. Den Puderzucker und die Mandeln mischen, dann durch ein feines Sieb sieben [→ a]. Die Eiweiße steif schlagen, je nach Geschmack ein paar Tropfen gelbe Lebensmittelfarbe oder 1 EL Heidelbeersaft oder 1 TL Vanilleessenz oder -mark zugeben. Dann 1 Prise Salz und den Zucker dazugeben, gut untermischen und nach und nach die Mandelmischung unterheben.

2. Auf das Backpapier kleine Kreise von 2–3 cm Durchmesser mit etwas Abstand aufzeichnen, umdrehen (so gelangt keine Farbe an den Teig) und das Backpapier auf ein Backblech legen. Den Teig in einen Spritzbeutel mit Lochtülle füllen und auf die vorgezeichneten Kreise geben [→ b]. Die Macarons mindestens 30 Minuten auf dem Blech ruhen bzw. antrocknen lassen [→ c].

3. Den Backofen auf 160 °C (Umluft 140 °C) vorheizen. Die leicht angetrockneten Macarons im heißen Ofen ca. 15 Minuten backen. Die Macarons sollen fest, dürfen aber nicht braun werden. Herausnehmen und vollständig abkühlen lassen.

4. Für die Buttercreme den Pudding mit Zucker und Milch nach Packungsanweisung kochen und auf Zimmertemperatur abkühlen lassen, dabei immer wieder umrühren. Anschließend den Pudding löffelweise unter die weiche Butter rühren.

5. Die Buttercreme nun je nach Geschmack aromatisieren. Für die gelben Safranmacarons den Zucker und die Safranfäden im Mörser fein zermahlen, in 1 EL heißem Wasser auflösen und unter die Buttercreme rühren. Für Heidelbeermacarons die Heidelbeermarmelade unter die Buttercreme mischen. Und für die weißen Macarons die Sahne aufkochen, über die grob zerkleinerte weiße Schokolade gießen und gut rühren, bis die Schokolade geschmolzen ist. Abgekühlt unter die Buttercreme rühren und 2 Stunden kühlen.

6. Die Füllung in einen Spritzbeutel geben und jeweils die Hälfte der Macarons damit bespritzen. Dann die zweite Hälfte auflegen.

## DAS IST *wirklich* WICHTIG

**[a] SIEBEN** Puderzucker und gemahlene Mandeln unbedingt durch ein feines Sieb geben, damit keine Klümpchen mehr enthalten sind und sich die Mischung gut mit der Eischneemasse verbinden kann.

**[b] KLOPFEN** Wenn die Macarons auf das Blech gespritzt sind, sollten Sie das Backblech von unten mit der flachen Hand etwas klopfen. So können kleine Luftbläschen entweichen und die Macarons werden schön gleichmäßig.

**[c] ANTROCKNEN LASSEN** Lassen Sie die Macarons so lange antrocknen, bis sich an der Oberfläche eine Haut gebildet hat. Sie können das mit dem Finger überprüfen. Nur so behalten die Macarons ihre runde Form und bekommen die typischen „Füßchen".

[a]

[c]

# Süße Grissini
## *mit feinen Dips*

GRISSINI SIND DIE HEIMLICHEN KNABBERHITS DER KINDER IN ITALIEN. WIR WANDELN SIE EIN WENIG AB UND REICHEN SIE SÜSS ZUM NACHMITTAGSKAFFEE.

## Zutaten für 25 Stück

250 g Quark, 250 g Mehl

1 TL Zucker, 1 Prise Salz

250 g Butter

### Für die Wintervariante

1 TL Lebkuchengewürz

2–3 EL Zucker, 200 g Sahne

2–3 EL Glühweinsauce von S. 108

### Für die Schokovariante

4 EL geraspelte Schokolade

200 g Vanillepudding

5 EL geschlagene Sahne

### Für die Nussvariante

30 g gemahlene Nüsse

1 EL Zucker, 1 EL flüssige Butter

200 g Mascarpone

2 EL Kaffeelikör

3 EL zerbröselte Amarettini

## Zeitbedarf
• 25 Minuten
• 30 Minuten ruhen
• ca. 35 Minuten backen

## So geht's

1. Für den Teig den Quark leicht auspressen. Das Mehl mit Zucker und Salz auf die Arbeitsfläche geben und die kalte Butter in Flöckchen darauf verteilen. Zügig mit den Händen unter das Mehl mischen. In der Mitte eine Mulde formen, den Quark hineingeben und erneut zügig unterkneten, sodass sich ein glatter Teig bildet. Den Teig zur Kugel formen und in Frischhaltefolie gewickelt mindestens 30 Minuten im Kühlschrank ruhen lassen.

2. Den Backofen auf 200 °C (Umluft 180 °C) vorheizen und ein Backblech mit Backpapier belegen. Den gekühlten Teig auf wenig Mehl zu einem großen Quadrat mit ca. 40 cm Kantenlänge ausrollen. Den Teig zur Hälfte mit der gewünschten Füllung bestreichen: Für die Wintervariante Lebkuchengewürz und Zucker, für die Schokogrissini Rapselschokolade und für die Nussvariante gemahlene Nüsse, Zucker und flüssige Butter. Nun die andere Teighälfte darüberklappen und etwas andrücken. Den gefüllten Teig in etwa 1 cm breite und 20 cm lange Streifen schneiden, diese in sich verdrillen und auf das Backblech legen. Die Grissini etappenweise im heißen Ofen pro Blech 10–12 Minuten backen, herausnehmen und auskühlen lassen.

3. In der Zwischenzeit einen passenden Dip zubereiten. Für den Winterdip die Sahne steif schlagen und die Glühweinsauce von Seite 108 unterrühren. Bis zur Verwendung kühlen. Für die Vanillecreme zu den Schokogrissini selbst gekochten oder fertig gekauften Pudding mit der geschlagenen Sahne verrühren und bis zur Verwendung kalt stellen. Und für die Amaretticreme zu der Nussvariante Mascarpone mit Kaffeelikör glatt rühren, die zerbröselten Amarettini untermischen und die Creme bis zur Verwendung kühlen.

# Banoffee
## *Verführung mit Suchtfaktor*

BANANE UND TOFFEE GESELLEN SICH MIT SAHNE UND SCHOKOLADE ZU EINEM
LECKEREN KUCHEN IM GLAS – GANZ OHNE BACKEN.

## Zutaten für 6 Gläser

### Für die Schokocreme

100 g Zartbitterschokolade

40 g Sahne, 30 g Butter

1 TL Puderzucker, 2 TL Wasser

### Für den Bananenkaramell

100 g Rohrzucker

2 EL Bananenlikör

2 EL Sahne

2 reife Bananen, 1 Prise Salz

100 g gehackte Nüsse

70 g Butter

200 g Karamell- oder Butterkekse

### Für die Vanillesahne

½ Vanilleschote

200 g Sahne, 1 EL feiner Zucker

## Zeitbedarf
• 30 Minuten
• 5 Stunden kühlen

## So geht's

1. Für die Schokocreme Schokolade mit Sahne, Butter, Puderzucker und Wasser in einem Topf langsam schmelzen, dabei immer wieder umrühren. Dann die Creme abkühlen lassen und mindestens 2 Stunden kühl stellen.

2. Für den Bananenkaramell den Rohrzucker in einem Topf karamellisieren lassen, vorsichtig den Bananenlikör und die Sahne zugießen und den karamellisierten Zucker auflösen. Die Bananen schälen und mit einer Gabel grob zermusen. Bananenmus und Salz unter den Karamell rühren und die gehackten Nüsse untermischen. Den Karamell etwas abkühlen lassen.

3. Inzwischen die Butter in einem Topf schmelzen. Die Kekse fein zerbröseln und mit der geschmolzenen Butter vermischen. Den Bröselteig etwa 1 cm hoch in 6 Dessertgläser füllen und festdrücken.

4. Den abgekühlten Karamell auf den Bröselböden verteilen und die Schokoladencreme aufstreichen. Die Gläser vor dem Servieren mindestens 3 Stunden im Kühlschrank kalt stellen.

5. Für die Vanillesahne die Vanilleschote halbieren und mit dem Messerrücken auskratzen. Die Sahne halbsteif schlagen, Zucker und Vanillemark unterrühren. Gegebenenfalls bis zur Verwendung kühlen. Die gekühlten Banoffies im Glas zusammen mit der Vanillesahne servieren.

Claudia

Besonders fein und gleichmäßig werden die Kekskrümel, wenn Sie die Kekse in einen Gefrierbeutel füllen und mehrmals kräftig mit dem Nudelholz darüberrollen. Wer es noch schokoladiger mag, kann auch Schokokekse verwenden.

# Madeleines

## *à la Tonkabohne*

IM ORIGINALREZEPT WERDEN MADELEINES MIT RUM AROMATISIERT. DOCH AUCH DAS FEINE AROMA VON TONKABOHNE UND LIMETTE STEHT IHNEN GUT.

## Zutaten für 24 Madeleines

- 40 g Butter
- 3 Eier (Größe M)
- 80 g Puderzucker
- 75 g Mehl
- 50 g gemahlene Mandeln
- etwas frisch geriebene Tonkabohne (ersatzweise Mark einer Vanilleschote)
- 1 EL Limettensaft

## besonderes Werkzeug
- Madeleine-Form

## Zeitbedarf
- 25 Minuten
- 20 Minuten backen

## So geht's

1. Die Butter in einem Topf schmelzen und leicht bräunen, dann abkühlen lassen. Die Eier mit dem Puderzucker schaumig rühren.

2. Den Backofen auf 180 °C vorheizen und eine Madeleine-Form einfetten. Mehl, Mandeln und geriebene Tonkabohne mischen und mit dem Limettensaft unter die Zucker-Ei-Mischung rühren. Dann die gebräunte Butter langsam zugießen und unterrühren. Den Teig in die Vertiefungen der Formen füllen und im heißen Ofen 15–20 Minuten backen, bis die Madeleines goldgelb sind.

**TEE-MADELEINES** Zu einer Tasse Tee passen die Madeleines besonders gut, wenn Sie sie statt mit Limettensaft mit 1 Esslöffel starkem schwarzem Tee und dem Mark einer Vanilleschote aromatisieren.

# Knuspertörtchen
## *mit Geleefüllung*

KNUSPRIG TRIFFT FRUCHTIG: SELBST GEMACHTER GEWÜRZKROKANT
UND ORANGENGELEE VEREINEN SICH AUF DIESEN KLEINEN TÖRTCHEN.

## Zutaten für 70 Törtchen

300 g Mehl

1 EL gemahlene
Haselnüsse

150 g Butter

1 Prise Salz, 5 EL Zucker

### Für den Gewürzkrokant

150 g Zucker

50 g Mandelblättchen

½ TL Zimtpulver

½ TL gem. Kardamom

½ TL Vanillemark

1 Prise Chili

### Für das Orangengelee

300 ml Orangensaft

25 g Speisestärke

## besonderes Werkzeug
· Tartelette-Förmchen,
  Ø 4 cm

## Zeitbedarf
· 30 Minuten
· 1 Stunde kühlen
· 25 Minuten backen

## So geht's

1. Aus Mehl, gemahlenen Haselnüssen, kalter Butter, Salz und Zucker zügig einen Mürbteig kneten. Den Teig zur Kugel formen, in Frischhaltefolie wickeln und ca. 1 Stunde kühl stellen.

2. Für den Gewürzkrokant den Zucker karamellisieren lassen. Alle weiteren Zutaten dazugeben und unterrühren. Dann die Masse vorsichtig auf ein Backpapier oder eine Silikonmatte streichen, erkalten lassen und in kleine Stückchen brechen.

3. Für das Gelee den Orangensaft erhitzen. Die Speisestärke in etwas kaltem Orangensaft anrühren, in den heißen Orangensaft einrühren und nochmals aufkochen. Das Gelee etwas abkühlen lassen.

4. Den Backofen auf 180 °C (Umluft 160 °C) vorheizen. Den Teig portionsweise ausrollen, mit einem Ausstecher Kreise ausstechen und in die Törtchenformen legen, dabei etwas andrücken. Das Orangengelee auf die Teigböden verteilen und die Törtchen im vorgeheizten Backofen ca. 12 Minuten backen. Herausnehmen und vollständig abkühlen lassen. Kurz vor dem Servieren mit dem Gewürzkrokant garnieren.

## Die Variante

### Maracuja-Creme
100 ml Passionsfruchtmark, 100 g Zucker, 2 Eier und 100 g Crème fraîche in eine Schüssel geben und diese über ein Wasserbad stellen. In ca. 30 Minuten unter Rühren zu einer cremigen Maracujamasse eindicken, dann etwas abkühlen lassen. Diese Creme nicht mitbacken, sondern erst auf die vorgebackenen Törtchenböden geben. Nach Belieben mit Himbeeren garnieren oder zerbröselte Baiserstückchen darüberstreuen.

# Schwarzwald-Trifle
## *mit Kirschen*

SCHWARZWÄLDER KIRSCHTORTE MAL ANDERS: DIESE LÄSST SICH BEIM ZWANG-LOSEN KLATSCH AM KUCHENBUFFET PRIMA AUS DEM GLAS LÖFFELN.

## Zutaten für 4 Portionen

200 g Sahne

100 g Zartbitterschokolade

1 Glas Schattenmorellen (ca. 370 g)

1 EL Speisestärke

3 Schokoladenmuffins (oder ⅓ Menge Biskuitboden von Seite 89)

1–2 EL Kirschwasser

4 EL geschlagene Sahne

Raspelschokolade zum Verzieren

### besonderes Werkzeug
· 4 Dessertgläser

### Zeitbedarf
· 25 Minuten

## So geht's

1. Die Sahne in einem Topf aufkochen, vom Herd nehmen und die Schokolade darin schmelzen, dann abkühlen lassen.

2. Die Schattenmorellen ebenfalls in einen Topf geben, 1–2 EL Saft abnehmen und mit dem restlichen Saft aufkochen. Die Speise-stärke mit dem abgenommenen kalten Kirschsaft anrühren, zu den heißen Kirschen geben und schnell einrühren, sodass sich keine Klümpchen bilden. Die Masse erneut aufkochen, eindicken und abkühlen lassen.

3. Die abgekühlte Schokosahne mit dem Handrührgerät aufschlagen. Die Muffins bzw. den Biskuit in kleine Stücke schneiden. Nun ab-wechselnd Kuchenstücke – nach Belieben mit etwas Kirschwasser beträufeln – eingedickte Schattenmorellen und Schokosahne in 4 Dessertgläser schichten, bis alle Zutaten verbraucht sind. Zum Schluss mit jeweils 1 Esslöffel geschlagener Sahne und etwas Raspelschokolade verzieren.

# Gefüllte Häppchen
### *mit Feigen und Pinienkernen*

DIE HERSTELLUNG DIESER KLEINEN HAPPEN IST ZWAR EIN BISSCHEN
BASTELARBEIT, DIE SICH ABER AUF JEDEN FALL LOHNT.

## Zutaten für 20 Stück

200 g Mehl

2 EL fein gemahlene Mandeln

100 g Butter

1 Prise Salz

4 EL Zucker

1 Ei (Größe M)

## Für die Füllung

20 g Pinienkerne

30 g Zartbitterschokolade

2 EL Honig

20 getrocknete Feigen

Puderzucker

## Zeitbedarf
· 40 Minuten
· 15 Minuten backen

## So geht's

1. Aus Mehl, Mandeln, Butter, Salz, Zucker und Ei zügig einen glatten Teig kneten und in Frischhaltefolie gewickelt mindestens 30 Minuten kühl stellen.

2. Für die Füllung die Pinienkerne fein hacken. Die Schokolade fein reiben und zusammen mit dem Honig und den gehackten Pinienkernen zu einer glatten Masse verrühren.

3. Die Feigen längs zur Hälfte einschneiden, etwas auseinander biegen und mit je ½ TL der Pinienkernmasse füllen. Leicht zusammendrücken, so dass die Füllung von der Feige umschlossen ist.

4. Den Backofen auf 180 °C (Umluft 160 °C) vorheizen und ein Backblech mit Backpapier belegen. Den Teig in 20 Portionen teilen und jeweils dünn ausrollen. Die Feigen einzeln in die ausgerollten Teigstücke wickeln, zu Kugeln formen und auf das Backblech legen. Im heißen Ofen 12 – 15 Minuten backen, bis sie goldgelb sind. Abkühlen lassen und mit Puderzucker bestäubt servieren.

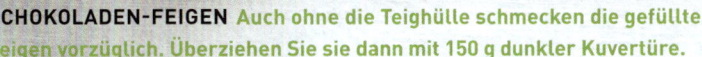

**SCHOKOLADEN-FEIGEN** Auch ohne die Teighülle schmecken die gefüllten Feigen vorzüglich. Überziehen Sie sie dann mit 150 g dunkler Kuvertüre.

# Guglhüpfchen

## *in vielen Varianten*

IN MEINER KINDHEIT DURFTE DER GUGLHUPF AUF KEINER KAFFEETAFEL FEHLEN –
MIT DIESEN MINI-VERSIONEN ZAUBERN SIE VIELFALT AUFS HÄPPCHEN-BUFFET.

## Zutaten für 24 bzw. 60 Stück

400 g Mehl

2 EL Backpulver

200 g weiche Butter

150 g Zucker

3 Eier (Größe M)

## besonderes Werkzeug
- Gugelhupf-Blech mit
  12 Vertiefungen
- oder Miniblech mit
  30 Vertiefungen

## Zeitbedarf
- 20 Minuten
- 30 Minuten backen

## So geht's

1. Für den Grundteig Mehl und Backpulver mischen. Die weiche Butter mit dem Zucker cremig rühren und die Eier einzeln unterrühren. Jetzt die Mehlmischung zügig unter den Rührteig mischen. Die Teigmenge in 2 Portionen teilen.

2. Die Teigportionen nun ganz nach Belieben anreichern.

   **Apfel-Walnuss-Hüpfchen:** 3 – 4 EL Calvados oder Apfelsaft, 50 g winzig klein geschnittene Apfelstückchen und 2 EL fein gehackte Walnüsse unter den Teig mischen.

   **Schokoladen-Hüpfchen:** 3 – 4 EL Rum oder Milch, 2 EL Kakaopulver und 50 g gehackte Schokolade zum Grundteig geben.

   **Beeren-Hüpfchen:** 3 – 4 EL Milch, 50 g fein geschnittene Beeren und 3 EL gemahlene Haselnüsse unterkneten.

   **Kokos-Limetten-Hüpfchen:** 4 EL Kokosmilch oder Batida de Coco, 2 TL abgeriebene Limettenschale und 5 EL Kokosflocken unter den Grundteig mischen.

3. Den Backofen auf 180 °C (Umluft 160 °C) vorheizen und die Guglhupf-Förmchen nach Bedarf etwas einfetten. Den fertigen Teig in zwei Etappen in die vorbereiteten Förmchen füllen und jeweils im heißen Ofen 12 – 15 Minuten goldgelb backen. Herausnehmen und abkühlen lassen.

Am besten schmecken die Guglhüpfchen ganz frisch und können vor dem Servieren noch mit Puderzucker bestäubt werden.

Verzieren und dekorieren Sie die Guglhüpfchen nach Lust und Laune mit Kuvertüre, Zuckerguss oder Fondant. Besonders schön ist es, wenn die Dekoration schon ein wenig über den Geschmack verrät. So können Sie z. B. die Kokos-Limetten-Hüpfchen mit einem Zuckerguss aus Limettensaft überziehen und mit abgeriebener Limettenschale und Kokosflocken bestreuen.

# Dänische Zimtkringel
## *süße Schnecken*

DIESE SKANDINAVISCHE SPEZIALITÄT SCHMECKT AM BESTEN NOCH LEICHT WARM UND DIE KLEINEN KRINGEL SIND RATZ-FATZ VERNASCHT.

## Zutaten für 20 Stück

- 150 g Quark
- 80 ml Milch
- 60 ml Öl
- 50 g Zucker, 1 Prise Salz
- 300 g Mehl
- 1 Päckchen Backpulver

### Für die Füllung

- 50 g Butter
- 4 EL brauner Zucker
- 1–2 EL Zimtpulver

### Für die Glasur

- 100 ml Wasser
- 50 g Zucker
- 2 EL Orangensaft
- 1 Spritzer Orangenblütenwasser (ersatzweise etwas abgeriebene Schale einer Bio-Orange)

### Zeitbedarf
- 25 Minuten
- 15 Minuten backen

## So geht's

1. Für den Teig den Quark mit einem sauberen Tuch leicht auspressen und anschließend mit Milch, Öl, Zucker und Salz glatt rühren. Das Mehl mit dem Backpulver mischen und die Hälfte davon unterrühren. Dann den Teig auf die Arbeitsfläche geben und die andere Hälfte des Mehls zügig mit den Händen unterkneten.

2. Für die Füllung die Butter in einem Topf zerlassen und Zucker und Zimtpulver einrühren. Den Teig auf etwas Mehl zu einer Platte von ca. 30 x 40 cm ausrollen und mit der flüssigen Würz-Butter bestreichen. Die Teigplatte von der Längsseite her aufrollen, in Frischhaltefolie wickeln und ca. 30 Minuten kühl stellen.

3. Den Backofen auf 180 °C (Umluft 160 °C) vorheizen und ein Backblech mit Backpapier auslegen. Die Teigrolle in 20 gleichmäßige, etwa 2 cm breite Stücke schneiden und mit Abstand auf das Blech legen. Die Zimtkringel im heißen Ofen ca. 15 Minuten goldgelb backen.

4. Inzwischen für die Glasur das Wasser mit Zucker und Orangensaft in einem Topf aufkochen und ca. 10 Minuten offen köcheln und dabei leicht eindicken lassen. Dann das Orangenblütenwasser unterrühren. Die Kringel aus dem Ofen nehmen und noch heiß mit dem Sirup bestreichen.

# Cake-Pops
## *bunt dekoriert*

EIN WITZIGER KUCHENTREND, DER SICH GANZ NACH GESCHMACK, LUST UND LAUNE IMMER WIEDER NEU ABWANDELN LÄSST. FANTASIE IST ERLAUBT!

### Zutaten für 50 Pop-Cakes

50 g weiße Schokolade

200 g Mehl

100 g gemahlene Mandeln

3 TL Backpulver

150 g weiche Butter

100 g Zucker, 2 Eier (Größe M)

3 EL Zitronensaft

### Für die Creme

250 g Mascarpone

2 EL Zitronenschale und etwas -saft

### Für die Garnitur

300 g helle oder dunkle Kuvertüre

Nonpareilles, Kokosflocken, Haselnusskrokant

### besonderes Werkzeug
• Springform Ø 26 cm
• 50 Holzspießchen

### Zeitbedarf
• 50 Minuten
• über Nacht kühlen

### So geht's

1. Den Backofen auf 180 °C (Umluft 160 °C) vorheizen und eine Spring-form einfetten. Die Schokolade fein reiben und mit Mehl, Mandeln und Backpulver mischen. Die weiche Butter mit dem Zucker cremig rühren und die Eier einzeln unterrühren. Dann Zitronensaft zugeben und die Mehlmischung unter den Rührteig mischen. Den fertigen Teig in die vorbereitete Springform füllen, glatt streichen und im heißen Ofen ca. 35 Minuten goldgelb backen. Die Stäbchenprobe machen (siehe Seite 19), wenn der Teig durchgebacken ist, diesen aus dem Ofen nehmen und abkühlen lassen.

2. Mascarpone mit Zitronenschale und -saft zu einer glatten Creme verrühren. Den ausgekühlten Rührteig grob zerbröseln und mit der Creme vermischen. Aus der Kuchenmasse nun ca. 50 Kugeln mit etwa 2,5 cm Durchmesser formen und jeweils auf einen Holzspieß stecken. Auf ein mit Frischhaltefolie überzogenes Brett legen und über Nacht kühlen.

3. Die Kuvertüre über einem Wasserbad langsam schmelzen und die Kuchenlollies in die flüssige Schokolade tauchen. Etwas ab-tropfen lassen und nun nach Geschmack mit Perlen, Nüssen oder Kokosflocken verzieren. Die Spieße zum Trocknen am besten in ein großes Stück Styropor (es sollte fest stehen, damit nichts kippen kann) stecken.

# Tee fürs Buffet
## *mal klassisch,* *mal modern*

AUCH HIER BEDIENT SICH JEDER SELBST: TRENDIGER BUBBLE TEA MIT DEM STROHHALM GETRUNKEN ODER EIN GLAS SCHWARZER TEE GANZ STILECHT AUS DEM SAMOWAR.

### TEE AUS DEM SAMOWAR

Typisch für den russischen Teegenuss ist der Samowar – eine von dort stammende „Teemaschine". Im 18. Jahrhundert entstanden in Russland diese oftmals wahren Kunstwerke, die besonders der Zarenhof zu schätzen wusste, die aber auch an den Königshöfen und bei der reichen Oberschicht Europas Anklang fanden. Auch in der Türkei, im Iran, in Persien oder Zentralasien wird diese Kunst der Teezubereitung heute noch zelebriert. Traditionell wird der Tee aus dem Samowar mit Konfitüre, Sahne oder Zitrone verfeinert und zu kleinen Gebäckstücken oder auch herzhaften Leckereien serviert.

Der Samowar wird durch ein Heizrohr, traditionell mit Holzkohle, beheizt. Er besteht aus einem großen Wasserkessel, meist mit Zapfhahn, für den heißen Wasservorrat und obenauf einem kleinen Kännchen für den eigentlichen Tee. In der kleinen Aufsatzkanne wird mit sehr viel Teeblättern und nur einer kleinen Menge Wasser ein starkes Teekonzentrat hergestellt. Dieser sehr intensive Tee wird auf dem Wasserkessel des Samowars warm gehalten und erst zum Servieren mit dem heißen Wasser aus dem Kessel aufgegossen bzw. verdünnt und somit trinkbar gemacht.

Sie brauchen für diesen besonderen Teegenuss jedoch nicht unbedingt einen edlen und teuren Samowar. Es geht auch so: Brühen Sie aus 1 Liter kochendem Wasser und mindestens 7 EL Teeblättern ein Konzentrat. Die Teeblätter etwa 3 Minuten ziehen lassen, dann abgießen. In einem hübschen Kännchen halten Sie das Konzentrat auf einem Stövchen warm. Das heiße Wasser zum Verdünnen – 1 Teil Teekonzentrat auf 3 Teile Wasser – reichen Sie in einer schönen, vielleicht farblich zur Deko passenden Thermoskanne dazu. Als Tee eignen sich kräftige Mischungen – je nach Geschmack auch aromatisierte – oder reiner Schwarz- bzw. Grüntee.

## BUBBLE TEA

Erfunden wurde dieses Getränk schon in den 90er-Jahren in Taiwan, erobert inzwischen aber die ganze Welt. Und es gibt bereits sogar richtige Bubble-Tea-Shops, in denen man diesen Trend in unzähligen Varianten probieren kann. Grundsätzlich besteht Bubble Tea aus drei Hauptzutaten: kräftigem Schwarz- oder Grüntee, Milch und aromatisierten Tapiokaperlen. Und so bereiten Sie ihn zu:

**Tapiokaperlen kochen** Für 4 Portionen (à 300 ml) 7–8 Tassen Wasser in einem Topf erhitzen. Wenn das Wasser kocht, 1 Tasse Tapiokaperlen zugeben und sofort umrühren, sodass die Perlen nicht zusammen- oder am Boden kleben. Die Perlen nun bei schwacher Hitze ca. 40 Minuten (je nach Größe) köcheln lassen. Der Kern der Perlen sollte weich, aber noch recht zäh sein. Die fertig gekochten Tapiokaperlen in ein Sieb abgießen und mit kaltem Wasser abschrecken.

**Perlen aromatisieren** Nun können die Perlen einfach nur in 3–4 EL Zucker eingelegt werden. Doch hier können Sie nun auch ganz nach Lust und Laune vorgehen und andere Geschmacksgeber verwenden. Vor allem verschiedene Sirups eignen sich dazu wunderbar. Probieren Sie einmal Waldmeister oder den selbst gemachten Himbeersirup von S. 138. Die eingelegten Perlen halten sich einige Tage.

**Tee zubereiten** Nun wird ein starker schwarzer Tee aus 800 ml kochendem Wasser und 4 TL offenem schwarzem Tee – am besten kräftiger Assam oder English Breakfast – gebrüht, ca. 3 Minuten ziehen lassen, über ein Sieb abgießen und nach Belieben abkühlen lassen. 400 ml Milch zusammen mit dem schwarzen Tee auf 4 Gläser verteilen. Dann die Tapiokaperlen in die Gläser geben und mit einem dicken Strohhalm servieren. Wer mag, gibt noch einige Eiswürfel dazu.

Anne

# WIR WOLLEN *feiern*

TAUFE, RUNDER GEBURTSTAG
ODER GAR EINE HOCHZEIT –
BESONDERE ANLÄSSE WOLLEN
GEBÜHREND GEFEIERT WERDEN.
MIT FESTLICHEN TORTEN,
EDLEM KLEINGEBÄCK, EINER
RICHTIG GUTEN TASSE KAFFEE
UND STILVOLLEM DRUMHERUM.

# Edel und dezent
## *für festliche Anlässe*

FÜR DEN BESONDEREN ANLASS HABEN WIR UNS FÜR EINE GANZ
FEINE, ZURÜCKHALTENDE DEKO ENTSCHIEDEN. DENN NEBEN
DER HAUPTPERSON STEHEN HEUTE DIE FEINEN TORTEN UND
TÖRTCHEN IM MITTELPUNKT.

## HÜBSCH EINGERAHMT

Für die besonderen Feste bei Kaffee und Kuchen gibt es meist einen Anlass. Egal ob Hochzeit, runder Geburtstag oder Taufe, setzen Sie den Kaffeeklatsch unter ein Motto und finden Sie einen schönen Spruch oder ein passendes Zitat dafür. Bei Taufen oder Hochzeiten bieten sich natürlich die Tauf- bzw. Trausprüche an. Schon für die Einladung ist das ein wunderbarer Aufhänger. Und Sie können den Spruch für die Raumdekoration wieder aufgreifen: Schreiben, stempeln oder drucken Sie ihn auf einen schönen Bogen Papier, den Sie dann an die Wand hängen. Wer mag, rahmt das Werk noch ein, z.B. mit Masking Tape (japanisches Klebeband aus Reispapier), das sich auch wieder spurlos beseitigen lässt.

## IN FORM GEBRACHT

Aus farblich passendem Tonpapier schneiden Sie Silhouetten von Milchkännchen oder Tassen. Mit Lackstift beschriftet werden daraus die Platzkärtchen. Lassen Sie am unteren Ende ein längeres Stück stehen, das Sie später nach hinten umklappen, sodass die Kärtchen frei stehen oder unter die Tassen oder Teller geklemmt werden können. Ein solcher Scherenschnitt eignet sich auch, um die Einladungskarte damit zu verzieren.

## BLUMIG GESCHMÜCKT

Ganz besonders Nelken eignen sich sehr gut für eine Blumengirlande – auch nach Stunden sehen sie noch frisch aus. Die Stile knapp unterhalb der Blüte abschneiden und dann einen

dünnen Silberdraht durch den Blütenkelch stechen. So wird Blüte an Blüte zu einer Girlande aufgereiht. Geben Sie außerdem einzelne Blüten und schöne Blätter in Kaffeetassen oder arrangieren Sie sie unter einer Glashaube.

## FARBAKZENTE

Ganz besonders edel wirken dezente Farben in sanften Tönen. Sehr trendy ist momentan Grau mit Beige oder Weiß. So wirkt die Deko weicher als in schwarz-weiß und rückt etwas in den Hintergrund. Natürliche Farben von Blumen oder Zweigen oder farblich zurückhaltendes Geschirr verbindet sich umso besser mit der Gesamt-Dekoration, wenn sie sparsam eingesetzt werden. Dem jeweiligen Anlass und der Saison entsprechend können Sie so mit wenigen Farbtupfern tolle Akzente setzen (siehe Osterdeko von Seite 66/67).

## EDEL UMWICKELT

Den letzten edlen Schliff erhält Ihre Tischdekoration mit Spitzentüchern, Kerzen und Satinbändern. Alles zusammen in entsprechenden Farben schafft noch einmal mehr eine bezaubernde Atmosphäre, bleibt aber zurückhaltend im Hintergrund. Als Tischtuch können Sie ausgediente Bettlaken mit Spitzen aufpeppen. Und schlichte Kerzenleuchter werden, mit ein wenig Farbe angestrichen oder mit Satinbändern umwickelt, zu besonderen Hinguckern. Auch das (Silber-)Besteck neben den Tellern lässt sich so noch ein wenig „veredeln".

# Marzipantorte
## *für besondere Festtage*

EINE GROSSARTIGE TORTE WIE DIESE, NACH EINEM REZEPT DER KONDITOREI PADEFFKE, IST DAS HIGHLIGHT JEDER FESTLICHEN KAFFEETAFEL.

## Zutaten für 1 Torte

6 Eier (Größe M), 1 Prise Salz

180 g feiner Zucker, 1 Bio-Zitrone

150 g Mehl, 3 TL Backpulver

ca. 9 EL Kirschwasser

### Für die Buttercreme

½ Päckchen Vanillepuddingpulver

1–2 EL Zucker, 250 ml Milch

100 g weiche Butter

### Für die Füllung

400 g Marzipan

100 g Aprikosenmarmelade

1–2 EL Kirschwasser

1 EL Buttercreme (siehe oben)

1 Packung Marzipandecke (300 g)

16 Marzipanblüten

### besonderes Werkzeug
• Springform Ø 26 cm

### Zeitbedarf
• 1 Stunde
• 20 Minuten backen
• über Nacht kühlen

## So geht's

1. Die Eier trennen. Die Eiweiße mit Salz und Zucker steif schlagen. Die Zitrone heiß abwaschen, abtrocknen und die Schale fein abreiben. Die Zitrone dann auspressen und Schale und Saft gut unter den Eischnee rühren. Mehl mit Backpulver mischen.

2. Den Backofen auf 180 °C (Umluft 160 °C) vorheizen. Backpapier in eine Springform klemmen und den Rand etwas einfetten. Die Eigelbe nacheinander mit einem Kochlöffel unter den Eischnee rühren. Dann die Mehlmischung darübersieben und unterheben. Den Teig in die Springform geben und im heißen Ofen ca. 20 Minuten goldgelb backen, bis kein Teig mehr am Holzstäbchen kleben bleibt. Den Biskuit über Nacht auskühlen lassen.

3. Inzwischen für die Buttercreme den Vanillepudding mit dem Zucker und der Milch nach Packungsanweisung kochen und auf Zimmertemperatur abkühlen lassen, dabei immer wieder umrühren. Dann die weiche Butter mit dem Handrührgerät cremig aufschlagen und den Pudding löffelweise unterrühren. Die Buttercreme bis zur Verwendung, am besten über Nacht, kühlen.

4. Für die Füllung die Marzipanmasse mit der Aprikosenmarmelade mit einer Gabel verkneten und 1–2 EL Kirschwasser und 1 EL Buttercreme unterrühren, sodass eine streichfähige Masse entsteht.

5. Den ausgekühlten Biskuitboden in 3 Böden teilen (siehe Seite 63). Einen Boden mit 3 EL Kirschwasser beträufeln und mit der Hälfte der Marzipanfüllung bestreichen. Den zweiten Biskuitboden auflegen, andrücken, mit 3 EL Kirschwasser beträufeln und mit der restlichen Füllung bestreichen. Dann den dritten Boden auflegen, andrücken und mit 3 EL Kirschwasser tränken.

6. Die komplette Torte dünn mit der Buttercreme bestreichen. Die Torte dann mit der Marzipandecke belegen, diese rundum gut andrücken und in 16 Stücke einteilen. Jedes Stück mit einer Marzipanblüte garnieren und bis zum Verzehr kühlen.

Die Marzipanblüten können
Sie, wie auf dem Foto, auch
selbst aus Marzipanmasse
drehen. Besonders schön
wirkt die helle Tortenober-
fläche, wenn Sie sie mit geschmolzener dunkler Schokolade passend zum Anlass
beschriften. Mit „Merry Xmas"
und ein paar zusätzlichen
Marzipansternen wird eine
wunderbare Weihnachts-
torte daraus.

# Eclairs
## mit Ingwercreme

ECLAIRS – DAS KLINGT VIELLEICHT EIN WENIG ANGESTAUBT. DOCH MIT DIESER MODERNEN FÜLLUNG WERDEN SIE WIEDER DIE KAFFEERUNDEN EROBERN.

### Zutaten für 4 Portionen

250 ml Milch oder Wasser

1 Prise Salz

50 g Butter

150 g Mehl

4 Eier (Größe M)

### Für die Ingwercreme

1–2 Stück eingelegter Ingwer mit ca. 1 EL Sirup

½ Bio-Zitrone

250 g Sahne

1 Päckchen Vanillezucker

Puderzucker zum Bestäuben

### besonderes Werkzeug
• Spritzbeutel

### Zeitbedarf
• 50 Minuten
• ca. 40 Minuten backen

### So geht's

1. Für den Teig die Milch oder das Wasser mit Salz und Butter in einem Topf unter ständigem Rühren aufkochen lassen. Das Mehl in die kochende Flüssigkeit geben und rühren, bis sich eine glatte Masse und schließlich ein Kloß bildet. Jetzt sollte vom „Abbrennen" des Teigs eine weiße Haut den Topfboden überziehen (siehe Seite 17).

2. Den Teigkloß in eine Schüssel geben und etwas abkühlen lassen. Die Eier einzeln unterrühren, am besten geht das mit dem Handrührgerät oder einem Kochlöffel. Die Masse wird dabei schön glänzend und glatt.

3. Den Backofen auf 220 °C (Umluft 200 °C) vorheizen. Ein Backblech mit Backpapier auslegen und den Brandteig mit einem Spritzbeutel mit Sterntülle in jeweis zwei etwa fingerlangen Streifen eng nebeneinander auf das Backblech geben und einen dritten Streifen daraufspritzen. Dabei zwischen den einzelnen Eclairs etwas Abstand lassen. Die Eclairs im heißen Ofen 15–20 Minuten backen, bis sie goldgelb sind. Herausnehmen, noch heiß mit einer Schere längs aufschneiden und abkühlen lassen.

4. Inzwischen den Ingwer sehr fein hacken, die Zitrone heiß waschen, abtrocknen und die Schale fein abreiben. Die Sahne steif schlagen, gehackte Ingwerpflaumen, Ingwersirup, Zitronenschale und nach Belieben Vanillezucker unterziehen und in die ausgekühlten Eclairs füllen. Mit Puderzucker bestäubt servieren.

**HERRENCREME** Eine etwas herbere Füllungsvariante: 300 g Sahne aufkochen, über 100 g grob zerkleinerte Zartbitterschokolade gießen und die Schokolade vollständig schmelzen lassen. Die Masse glatt rühren und über Nacht kalt stellen. Die Creme am nächsten Tag mit dem Handrührgerät aufschlagen und mit 1 EL Cognac oder starkem Espresso aromatisieren.

# Schokotorte
## *eine süße Sünde*

EINFACH HIMMLISCH UND OBERSCHOKOLADIG! DIESE TORTE DARF NATÜRLICH
BEI KEINEM FEIERLICHEN ANLASS FEHLEN!

## Zutaten für 1 Torte

### Für den Mürbteig

40 g Zucker, 80 g kalte Butter

120 g Mehl, 1 EL Kakaopulver

### Für den Schokobiskuit

4 Eier (Größe M), 120 g Zucker

100 g Mehl, 2 TL Backpulver

1 EL Kakaopulver

### Für die Creme und den Guss

300 g Sahne

350 g Zartbitterschokolade

150 g Butter, 1 EL Puderzucker

5 TL Wasser

2 EL Apfel- oder Quittengelee

### besonderes Werkzeug
• Springform Ø 24 cm

### Zeitbedarf
• 50 Minuten
• 30 Minuten ruhen
• ca. 35 Minuten backen
• über Nacht kühlen

## So geht's

1. Aus Zucker, Butter, Mehl und Kakaopulver einen Mürbteig kneten und 30 Minuten kühl stellen. Den Backofen auf 200 °C (Umluft 180 °C) vorheizen und eine kleine Springform mit Backpapier bespannen. Den Mürbteig ausrollen, in die Form geben und mehrfach mit einer Gabel einstechen. Den Boden im heißen Ofen ca. 12 Minuten backen, herausnehmen und auskühlen lassen.

2. Für den Schokoladenbiskuit die Eier trennen. Die Eiweiße mit dem Zucker steif schlagen. Mehl mit Back- und Kakaopulver mischen. Die Eigelbe nacheinander mit einem Kochlöffel unter den Eischnee rühren. Dann die Mehlmischung darübersieben und unterheben.

3. Nach dem Backen des Mürbteigs das Backpapier in der Springform lassen und den Rand etwas einfetten. Den Biskuitteig in die Springform geben und ca. 20 Minuten goldgelb backen, bis kein Teig mehr am Holzstäbchen klebt. Den Biskuit über Nacht auskühlen lassen.

4. Für die Schokocreme die Sahne aufkochen. 150 g Schokolade grob zerbröckeln und in der heißen Sahne unter Rühren schmelzen. Die glatte Creme über Nacht kalt stellen.

5. Den Biskuit waagerecht halbieren [→ a]. Den Mürbteig mit dem Gelee bestreichen, einen Biskuitboden auflegen und etwas andrücken. Die Creme mit dem Handrührgerät aufschlagen und auf den Biskuit streichen. Den zweiten Boden auflegen und andrücken.

6. Für den Guss 200 g Schokolade, Butter, Puderzucker und Wasser über einem Wasserbad schmelzen und glatt rühren. Eine dünne Schicht auf die Biskuitoberfläche auftragen und dann den Guss temperieren (88 °C). Temperiert über den gesamten Kuchen gießen [→ b]. Die Schokoladentorte im Kühlschrank ruhen und fest werden lassen.

## DAS IST *wirklich* WICHTIG

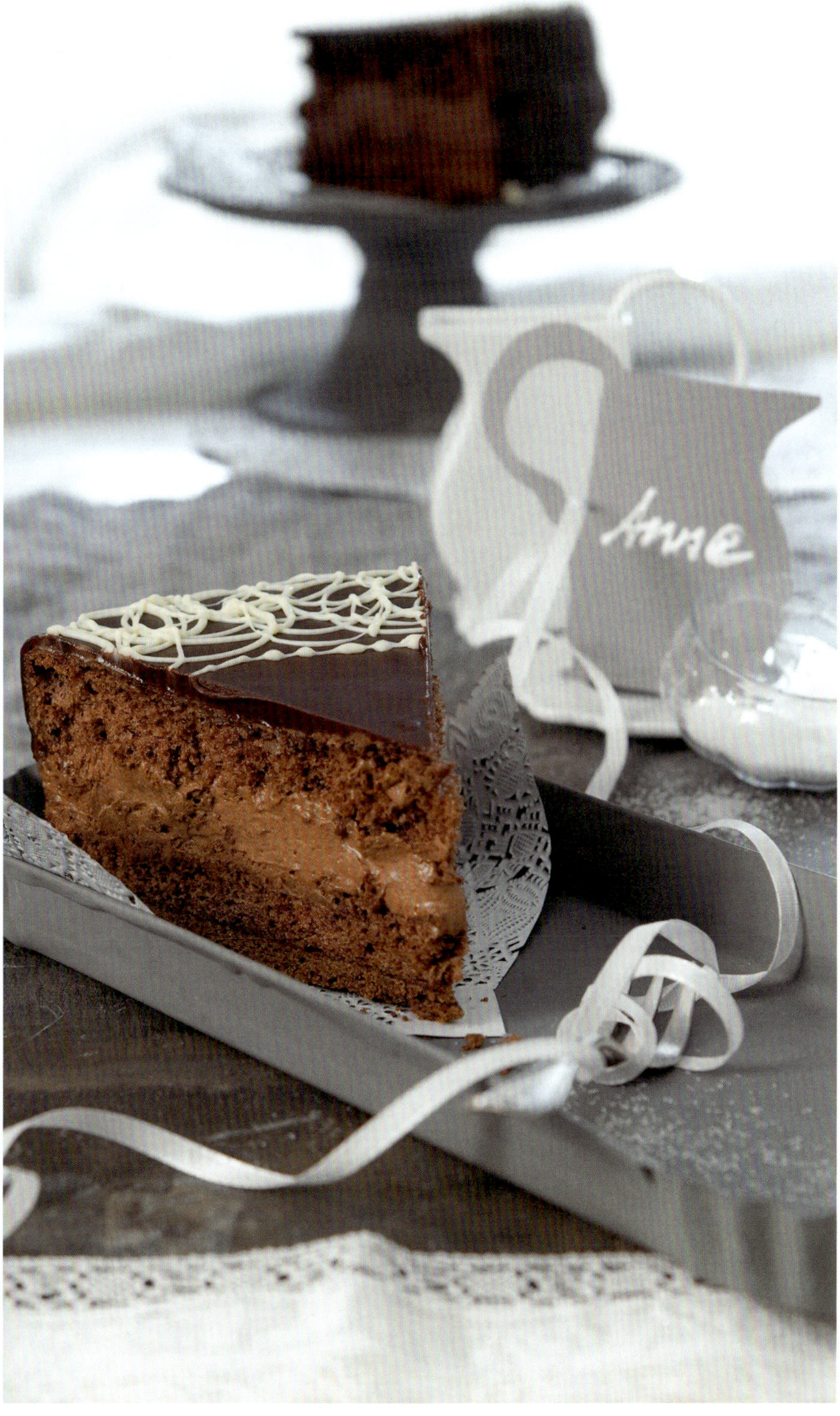


**[a] BISKUIT TEILEN** Schneiden Sie mit einem scharfen Messer zunächst ringsum auf halber Höhe eine Kerbe in den Biskuit. In diese Kerbe legen Sie nun ein Küchengarn und ziehen es langsam und gleichmäßig durch den Kuchen. So erhalten Sie zwei sauber und gerade getrennte Böden.

**[b] TORTE ÜBERZIEHEN** Der Schokoguss darf beim Auftragen ruhig über den Rand fließen. Er wird danach mit einer Palette gleichmäßig verteilt und glatt gestrichen.

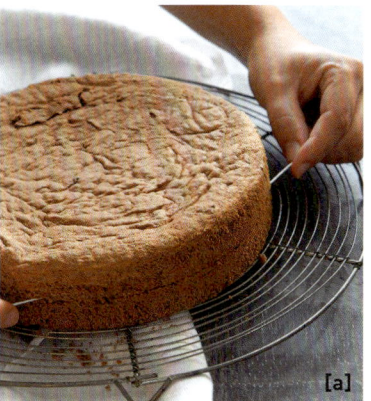

[a]

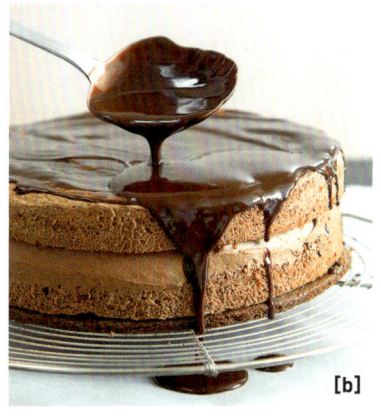

[b]

# Tauf-Cupcakes
## *hellblau oder rosa*

ETWAS GANZ FEINES FÜR DAS ERSTE FEST DES LEBENS. FÄRBEN SIE DAS TOPPING PASSEND ZUM TAUFKIND ROSA ODER HELLBLAU EIN.

## Zutaten für 12 Cupcakes

1 Bio-Zitrone

250 g Mehl

2 TL Backpulver

100 g Butter

100 g Milch

75 g geriebene weiße Schokolade

5 EL Vanillezucker

1 Prise Salz

3 Eier (Größe M)

### Für das Topping

2 Eiweiß

1 Prise Salz

100 g Puderzucker

blaue bzw. rote Lebensmittelfarbe

### besonderes Werkzeug
• Muffinblech
• Papierförmchen
• Crème-brulée-Brenner

### Zeitbedarf
• 40 Minuten
• 25 Minuten backen

## So geht's

1. Den Backofen auf 180 °C (Umluft 160 °C) vorheizen und die Mulden eines Muffinblechs einfetten oder mit Papierförmchen auslegen. Die Zitrone heiß waschen und abtrocknen, die Schale fein abreiben.

2. Mehl und Backpulver mischen. Die Butter zerlassen und etwas abkühlen lassen. Die Milch erwärmen, über die weiße Schokolade gießen und die Schokolade darin schmelzen lassen. Dann die geschmolzene Butter mit Vanillezucker, Salz, Zitronenschale und Schokoladenmilch verrühren. Zuerst nacheinander die Eier, dann die Mehlmischung zügig unterrühren. In die Blechvertiefungen füllen und im heißen Ofen ca. 25 Minuten backen. Aus dem Ofen nehmen und zuerst etwa 10 Minuten im Muffinblech, dann auf einem Kuchengitter vollständig auskühlen lassen.

3. Für das Topping die Eiweiße mit 1 Prise Salz steif schlagen. Dann den Puderzucker zugeben und gut unterrühren. Wenige Tropfen Lebensmittelfarbe in der gewünschten Farbe eintropfen und vollständig unterrühren, bis die Eiweißmasse hellblau bzw. rosafarben ist. Die Meringenmasse sollte glänzend und cremig sein.

4. Die ausgekühlten Muffins mit der Eiweißmasse bestreichen und die Masse dabei so formen, dass kleine Wellen entstehen. Nun die Meringenmasse mit einem Crème-Caramel-Brenner vorsichtig karamellisieren oder die Cupcakes kurz unter den heißen Backofengrill stellen, bis das Topping leicht gebacken aussieht.

# Spritzgebäcktörtchen
## *fruchtig gefüllt*

DIE KLEINEN TÖRTCHEN SIND DIE PERFEKTE UNTERLAGE FÜR VERSCHIEDENE CREMES UND FRÜCHTE GANZ NACH GESCHMACK UND SAISON.

## Zutaten für 14 Törtchen

200 g Mehl

100 g Speisestärke

100 g gemahlene Mandeln (blanchiert)

200 g weiche Butter

100 g Zucker

1 Päckchen Vanillezucker

1 Ei (Größe M)

### Für die Füllung

ca. 7 EL Aprikosen-marmelade

300 g Sahne

1 EL Vanillezucker

150 g saure Sahne

1 Dose Mandarinen oder Obst nach Saison

### besonderes Werkzeug
• Spritzbeutel

### Zeitbedarf
• 25 Minuten
• 15 Minuten backen

## So geht's

1. Mehl mit Speisestärke und Mandeln mischen. Die Butter mit Zucker und Vanillezucker cremig rühren. Das Ei zugeben und zu einer homogenen Masse aufschlagen. Dann die Mehlmischung nach und nach unterrühren, am besten mit den Knethaken des Handrührgeräts.

2. Den Backofen auf 180 °C (Umluft 160 °C) vorheizen und ein Backblech mit Backpapier belegen. Die Teigmasse in einen Spritzbeutel mit großer Sterntülle füllen und damit auf das Backblech enge Spiralen (gefüllte Kreise) mit ca. 7 cm Durchmesser aufspritzen. Damit kleine Törtchen entstehen, jeweils auf den Rand rundherum kleine Tupfen aufspritzen. Die Törtchen im heißen Ofen (Mitte) ca. 15 Minuten backen, dann herausnehmen und abkühlen lassen.

3. Auf den ausgekühlten Törtchen vorsichtig jeweils ca. ½ EL Aprikosenmarmelade verteilen. Sahne mit Vanillezucker steif schlagen, mit der sauren Sahne zu einer Creme rühren und diese über die Marmelade verteilen. Die Törtchen kurz vor dem Servieren mit Mandarinen oder anderen Obststücken belegen.

## Die Variante

### Weihnachtscreme
350 g Mascarpone mit 4 EL Orangensaft, 5 EL sehr fein gehacktem Orangeat und 1 TL Lebkuchengewürz mischen. Dem Teig für die Törtchen können Sie noch 2 EL Kakaopulver zugeben und statt der Aprikosenmarmelade Johannisbeergelee auf die Törtchen streichen. Wer mag, streut dann noch etwas klein gehackten Nusskrokant (siehe Seite 43) darüber.

# Osterherz
## *mit* *Himbeerfüllung*

FEIN, CREMIG, FRUCHTIG – DIESE TORTE LÄSST JEDES „HASENHERZ" HÖHER
SCHLAGEN. ODER ÜBERRASCHEN SIE IHREN SCHATZ AM VALENTINSTAG DAMIT …

## Zutaten für 1 Herz

3 Eier (Größe M)

90 g Zucker, 1 Prise Salz

½ Bio-Zitrone

75 g Mehl, 1 EL Backpulver

### Für die Himbeercreme

300 g TK-Himbeeren

250 g Ricotta

2 EL Vanillezucker

6 Blatt Gelatine

100 g Sahne

1–2 EL Himbeergelee

ca. 100 g frische Himbeeren

3 EL Himbeergelee

30 g gehackte Pistazien

### besonderes Werkzeug
• Herzform mit 1,2 l Inhalt

### Zeitbedarf
• 50 Minuten
• 20 Minuten backen
• 2 x über Nacht kühlen

## So geht's

1. Für den Biskuit die Eier trennen. Die Eiweiße mit Zucker und 1 Prise Salz steif schlagen. ½ Zitrone auspressen und den Saft gut unter den Eischnee rühren. Mehl mit Backpulver mischen. Den Backofen auf 180 °C (Umluft 160 °C) vorheizen und die Herzform einfetten. Die Eigelbe nacheinander unter den Eischnee mischen. Die Mehlmischung darübersieben und unterheben. Den Teig in die vorbereitete Herzform geben und im heißen Ofen 15 – 20 Minuten goldgelb backen. Den fertigen Biskuit auf einem Gitter in der Form kurz ruhen lassen. Dann aus der Form lösen und vollständig auskühlen lassen.

2. Für die Himbeercreme die TK-Himbeeren etwas antauen lassen, dann mit Ricotta und Vanillezucker fein pürieren. Die Gelatine in kaltem Wasser einweichen, tropfnass in einen kleinen Topf geben und bei kleiner Hitze auflösen. Einen Esslöffel Himbeerricotta zugeben und gut mischen, dann löffelweise die Creme zur Gelatine geben und gut umrühren, sodass sich keine Klümpchen bilden. Die Sahne steif schlagen und ebenfalls unter die Himbeercreme heben.

3. Den Biskuitboden einmal waagerecht halbieren. Das Himbeergelee auf den unteren Boden streichen und ein Drittel der Himbeercreme darauf verteilen. Den oberen Boden auflegen, andrücken, dann die restliche Himbeercreme auf die Torte und den Rand streichen, sodass eine glatte Oberfläche entsteht. Über Nacht kühlen.

4. Vor dem Servieren die frischen Himbeeren waschen und gut trocken tupfen. Das Gelee in einem Topf verflüssigen, dann kurz abkühlen, damit es wieder leicht andickt. Das Gelee in die Mitte des Herzes geben und bis auf 1 cm an den Rand streichen. Auf den Rand des Gelees die gehackten Pistazien streuen und die Himbeeren „stehend" auf den freigelassenen Rand der Himbeercreme setzen. Am besten die Torte vor dem Servieren noch etwa 1 Stunde kühlen, damit alles wieder gut fest werden kann. Schmeckt frisch am besten!

Ein Nachmittagsaperitif zum süßen Herz: 250 g Beeren mit
3 EL Crème de Cassis und 1 EL Grenadinesirup 2 Stunden
marinieren. Die Beeren mit der Marinierflüssigkeit auf 6 Gläser
verteilen und mit gut gekühltem Champagner aufgießen.

# Espressotarte
## *cremig, schokoladig, fruchtig, herb*

PROBIEREN SIE DIESE CREMIGE, ZARTSCHMELZEND-SCHOKOLADIGE TARTE,
WENN SIE ES ZUM KAFFEE GERNE ETWAS HERBER MÖGEN.

### Zutaten für 1 Tarte

250 g Mehl, 150 g kalte Butter

1 Eigelb (Größe M), 50 g Zucker

1 Päckchen Vanillezucker

1 Prise Salz

### Für die Füllung

25 g Butter, 50 g Zucker

1 Päckchen Vanillezucker

3 EL Kakaopulver

2 TL lösliches Espressopulver

250 g Sahne, 1 Ei (Größe M)

100 g Zartbitterschokolade

2 EL abgeriebene Orangenschale

### Für die Tupfen

300 g Sahne

4 EL Kaffeebohnen, grob gehackt

100 g Zartbitterschokolade

### besonderes Werkzeug
• Tarteform Ø 30 cm

### Zeitbedarf
• 55 Minuten
• über Nacht kühlen

### So geht's

1. Aus Mehl, Butter, Eigelb, Zucker, Vanillezucker und Salz zügig einen Mürbteig kneten. Den Teig in Frischhaltefolie wickeln und im Kühlschrank mindestens 30 Minuten kühlen. Den Backofen auf 180 °C (Umluft 160 °C) vorheizen. Den Teig auf einem Stück Backpapier dünn ausrollen, mitsamt Papier in die Tarteform heben, mit einer Gabel einstechen und im heißen Ofen 12–15 Minuten vorbacken.

2. Inzwischen für die Füllung Butter, Zucker, Vanillezucker, Kakao- und lösliches Espressopulver mit der Sahne in einem Topf langsam aufkochen. Die Schokolade grob zerkleinern und die heiße Sahne darübergießen. Kurz vor dem Einfüllen in den Teigboden das Ei und den Orangenschalenabrieb gleichmäßig unterrühren. Die Füllung auf den vorgebackenen Boden geben, den Ofen ausschalten und die Tarte in der Resthitze noch ca. 10 Minuten backen. Die Tarte aus dem Ofen nehmen und abkühlen lassen.

3. Für die Tupfen die Sahne mit den Kaffeebohnen aufkochen und ca. 15 Minuten ziehen lassen. Dann durch ein Sieb abgießen. Die Schokolade grob zerkleinern, in die aromatisierte Sahne geben und beides zusammen noch einmal aufkochen. Abkühlen lassen und am besten über Nacht in den Kühlschrank stellen. Vor dem Verzieren die Sahne mit einem Handrührgerät aufschlagen, in einen Spritzbeutel füllen und auf die Oberfläche der ausgekühlten Tarte kleine Tupfen aufspritzen.

Die Tarte schmeckt fast wie eine Praline zum Kaffee, deshalb in schmale Stücke schneiden.

Zum Servieren kann man die Tarte auch noch zusätzlich mit etwas fein übergestäubtem Kakaopulver verzieren. Mithilfe einer Tortenspitze entsteht mit Puderzucker ein schönes Ornament – auf der Tarte und auch auf den Tellern.

# Kaffee und Tee

## mit Zeit und Muse

FÜR DEN BESONDEREN ANLASS NIMMT MAN SICH GERNE DIE ZEIT, AUCH DIE GETRÄNKE MAL WIEDER SO RICHTIG LANGSAM UND MIT LIEBE ZUZUBEREITEN – UND DANN IN ALLER RUHE ZU GENIESSEN.

### HANDGEBRÜHTER KAFFEE

Kaffee ist ein wirklich großes Thema und schon fast eine „Wissenschaft" für sich. Und während uns im Alltag oft der schnelle „Coffee to go" begleitet, tut es gut, sich für die Musestunden auch mal wieder an die althergebrachte, klassische Art der Kaffeezubereitung zu wagen, die etwas Zeit kostet.

Perfekt für einen handgebrühten Kaffee ist eine Karlsbader Kanne, die ganz ohne Papierfilter auskommt. Aber auch ein klassischer Porzellan-Kaffeefilter mit Filterpapier auf einer schönen Kaffeekanne tun ihren Dienst. Für 4 Tassen Kaffee geben Sie 6 Esslöffel möglichst frisch und grob gemahlenes Kaffeepulver (ca. 40 g) in den Kaffeefilter. 600–700 ml Wasser zum Kochen bringen. Das Kaffeepulver übergießen Sie zuerst nur mit einer kleinen Menge kochenden Wassers und lassen das Pulver etwa 30 Sekunden aufquellen. Nun portionsweise immer wieder heißes Wasser nachgießen – und zwar immer erst dann, wenn die vorige Portion komplett durch den Kaffee geflossen ist. Wenn das Wasser aufgebraucht ist, den Filter entfernen und den Kaffee in der Kanne servieren. Und nun: Genießen Sie einen wunderbar milden und doch sehr geschmackvollen Kaffee mit Ihren Gästen.

## ENGLISCHER 5-O'CLOCK-TEA

In Großbritannien wird traditionell nachmittags eine Tasse heißer Tee getrunken. Und dazu werden meist mehr oder weniger aufwendige Backwerke serviert. Für die klassisch englische Teezubereitung wird pro Tasse 1 Teelöffel kräftiger, nicht aromatisierter schwarzer Tee lose, also ohne Teebeutel, in eine Teekanne gegeben und mit kochendem Wasser übergossen. Die Teeblätter bleiben dann in der Kanne und der Tee wird von Tasse zu Tasse stärker. Was den echten britischen Teetrinker nicht stört, da der Tee mit Milch getrunken wird.

## OSTFRIESENTEE

Die ostfriesische Teekultur ist der englischen recht ähnlich. Auch hier werden kräftige Teesorten, meist Mischungen wie etwa die Ostfriesenmischung aus Assam-Sorten, verwendet. Doch hier wird zuerst die Kanne mit heißem Wasser temperiert. In die leere Kanne kommen dann pro Tasse 1 Teelöffel lose Teeblätter plus zusätzlich 1 Teelöffel „für die Kanne". Nun wird die Kanne zur Hälfte mit kochendem Wasser gefüllt und der Tee zieht einige Minuten bei geschlossenem Deckel. Dann füllt man die Kanne ganz auf und kann den Tee durch ein Sieb in der Tasse genießen.

Richtig ostfriesisch genießen Sie den Tee so: Ein Stück Kandiszucker (Kluntje) in die Tasse legen. Den Tee eingießen und mit einem Sahnelöffel ein „Wölkchen" Sahne in den Tee geben. Nun auf keinen Fall umrühren, denn nur so kommt man in den Genuss eines Tees, der mit jedem Schluck seine Süße verändert. Zu einer echten ostfriesischen Teestunde gehören dann auch mindestens drei Tassen Tee – wer vorher ablehnt, beleidigt den Gastgeber.

DIE SONNE SCHEINT, DIE BLUMEN
BLÜHEN – JETZT SOLL ES FRUCHTIG
UND LEICHT SCHMECKEN. UND DAZU
PASST EINE PRICKELNDE BOWLE
ODER EIN ERFRISCHENDER EISTEE.

# Luftig und leicht
## für Frühling und Sommer

DIE SONNE SCHEINT, DIE BLUMEN BLÜHEN, DIE VÖGEL SINGEN –
UND UNSERE DEKO IST GANZ IN DIESEM STIL GEHALTEN.

## SOMMERLICH

Fröhliche, frische Farben passen jetzt perfekt zur Stimmung. Sonniges Gelb, frisches Orange, aber auch Rosa oder Pink und Himmelblau harmonieren sehr gut miteinander. Immer wieder tauchen diese Farben auf: beim Geschirr, bei der Deko und sogar beim Gebäck – wie etwa beim Zitronen-Mascarpone-Kuchen (S. 78) oder der Aprikosen-Focaccia (S. 83).

## BLUMIG

Ein Tisch voller Blumen. Was könnte jetzt schöner sein? Und vielleicht bringen die Gäste ja auch noch den einen oder anderen Strauß mit. Platz finden die Sommerboten nicht nur in Blumenvasen, sondern auch in Kaffee- und Teekannen, Karaffen oder Saftkrügen.

## FLATTERHAFT

Das Vogelmotiv hat es uns angetan, deshalb haben wir unsere große Tafel mit Glanzbildchen in Vogelform dekoriert. Es geht aber noch einfacher: Vogelsilhouetten – hier sind es Schwalben – aus himmelblauem Tonpapier ausschneiden. Auf der Rückseite mit Klebeband ein längeres Stück Blumendraht befestigen. Nun werden die Servietten mit dem unteren Teil des Drahts umwickelt. Den Rest spiralförmig nach oben biegen und schon flattern Vögelchen fröhlich über die Kaffeetafel.

## STEINIG

Glatte Kiesel aus dem Garten oder vom Spaziergang können Sie zu ganz besonderen Platzkärtchen umfunktionieren. Die Steine abwaschen, gut trocknen lassen und mit Acrylfarbe – wir haben wieder Himmelblau verwendet – anstreichen. Die Farbe gut trocknen lassen und dann mit Lackstift die Namen der Gäste daraufschreiben. Daraus wird ein nettes Erinnerungsstück an einen sommerlichen Kaffeeklatsch.

# Zitronen-Mascarpone-Kuchen
*sommerlich frisch*

DIESER ZITRONIG-FRISCHE KUCHEN LACHT EINEN AN HEISSEN TAGEN GANZ BESONDERS SONNIG AN – WER KANN DA SCHON WIDERSTEHEN?

## Zutaten für 1 Kuchen

2 Bio-Zitronen

250 g weiche Butter

200 g Zucker, 1 Prise Salz

6 Eier (Größe M)

450 g Mehl

1 Päckchen Backpulver

## Für die Creme

250 g Frischkäse

250 g Mascarpone

200 g Sahne

1 Päckchen Vanillezucker

1–2 EL Zucker

2 Bio-Zitronen

6 EL flüssiger Honig

## besonderes Werkzeug
· Springform Ø 28 cm

## Zeitbedarf
· 35 Minuten
· 35 Minuten backen

## So geht's

1. Den Backofen auf 180 °C (Umluft 160 °C) vorheizen. Die Springform mit Butter einfetten und mit etwas Mehl ausstäuben. Die Zitronen heiß waschen, abtrocknen, die Schale fein abreiben und den Saft auspressen. Die Butter mit Zucker und Salz mit dem Handrührgerät hell-cremig rühren. Dann die Eier nacheinander unterrühren und Zitronenschale und -saft untermischen.

2. Mehl und Backpulver mischen und zügig mit einem Kochlöffel unter die Buttermasse rühren. Den Teig in die gefettete Springform geben und glatt streichen. Dann im heißen Ofen ca. 35 Minuten backen.

3. Inzwischen die Zitronencreme zubereiten. Dazu Frischkäse und Mascarpone glatt rühren. Die Sahne steif schlagen, den Vanillezucker und den Zucker unterrühren und unter die Frischkäsecreme heben. Die Zitronen heiß waschen, abtrocknen und die Schale von einer Zitrone fein abreiben, den Saft auspressen. Die Schale der zweiten Zitrone mit einem Zestenreißer in langen Zesten abziehen und die Zitrone ebenfalls auspressen. Die abgeriebene Schale und die Hälfte des Zitronensafts unter die Frischkäsecreme rühren. Den restlichen Saft mit dem Honig mischen.

4. Den fertigen Kuchen aus dem Ofen nehmen, etwas Zitronenhonig über die Oberfläche träufeln und den Kuchen erst ca. 10 Minuten in der Form, dann auf einem Kuchengitter auskühlen lassen.

5. Die Zitronencreme auf den ausgekühlten Kuchen streichen, dabei kleine Mulden einarbeiten. Den Zitronenhonig über die Creme träufeln und mit einem Holzstäbchen Schlieren ziehen. Er soll sich teilweise in den Mulden sammeln. Mit den Zitronenzesten dekorieren.

Schmeckt frisch am besten!

Ein prickelnder Drink zum Kuchen: Von 1 Bio-Zitrone die Schale dünn abschälen. 2 Stangen Zitronengras anquetschen. Zitronenschale und -gras zusammen mit 50 ml Zuckersirup und 500 ml Wodka in eine saubere Flasche füllen. Eine Woche ziehen lassen. Einen kleinen Schuss Zitronen-Wodka in ein Sektglas geben und mit gut gekühltem Prosecco aufgießen.

# Matcha-Törtchen
## *mit Bananencreme*

EINE ÜBERRASCHENDE GESCHMACKSKOMBINATION, DIE GUT GEKÜHLT
IM SOMMER DEN GAUMEN MIT EXOTISCHER FRISCHE KITZELT.

## Zutaten für 10 Törtchen

6 Eier (Größe M)

180 g feiner Zucker, 1 Prise Salz

1 Limette

150 g Mehl, 3 TL Backpulver

feiner Zucker

### Für die Füllung

2 Bananen

Saft von ½ Limette

150 g Mascarpone, 100 g Quark

1–2 EL kandierter Ingwer

etwas Vanillezucker

### Für den Guss

50 g weiße Schokolade

1 TL Matchapulver

3 EL Sahne

### besonderes Werkzeug
• Ausstechform Ø ca. 7 cm

### Zeitbedarf
• 30 Minuten
• 15 Minuten backen

## So geht's

1. Die Eier trennen. Die Eiweiße mit Zucker und Salz steif schlagen. Die Limette auspressen und den Saft gut unter den Eischnee rühren. Mehl mit Backpulver mischen.

2. Den Backofen auf 180 °C (160 °C) vorheizen. Die Eigelbe nacheinander unter den Eischnee mischen. Die Mehlmischung darübersieben und vorsichtig unterheben. Den Teig auf ein mit Backpapier ausgelegtes Backblech streichen und im heißen Ofen 12–15 Minuten goldgelb backen.

3. Den fertigen Biskuit auf ein mit feinem Zucker bestreutes Küchentuch stürzen und das Backpapier vorsichtig abziehen. Den Biskuit ganz auskühlen lassen und mit einer Ausstechform oder einem Glas 20 Kreise von ca. 7 cm Durchmesser ausstechen.

4. Für die Füllung die Bananen schälen, mit einer Gabel fein zerdrücken und mit Limettensaft mischen. Dann Mascarpone mit Quark glatt rühren und die zerdrückten Bananen untermischen. Den kandierten Ingwer fein hacken und ebenfalls unter die Creme rühren. Nach Geschmack mit etwas Vanillezucker süßen.

5. Für den Guss die Schokolade über einem Wasserbad schmelzen. Das Grünteepulver mit der Sahne verquirlen und unter die geschmolzene Schokolade rühren. Dies sollte sorgfältig geschehen, damit sich das Pulver ohne Klümpchen gut löst und eine glatte Masse entsteht.

6. Die Hälfte der Teigkreise mit der Bananencreme bestreichen, die andere Hälfte der Kreise daraufsetzen und vorsichtig andrücken. Nun mit dem Schokoladenguss bestreichen und diesen gut trocknen lassen. Am besten schmecken die Törtchen gut gekühlt.

# Blitztörtchen
## *mit Sommerfrüchten*

AUCH WENN DIE GÄSTE SCHON DA SIND: DIESE TÖRTCHEN SIND SO SCHNELL
GEMACHT, DASS NIEMAND LANGE AUF DEN SOMMERLICHEN GENUSS WARTEN MUSS.

## Zutaten für 12 Törtchen

3 EL Butter

12 Scheiben Brioche oder Stuten

Puderzucker und Zimtpulver
nach Belieben

## Für den Fruchtbelag

½ Honigmelone

1 Pfirsich

100 g Himbeeren

1 EL Limettensaft

## besonderes Werkzeug
· Ausstechform Ø ca. 7 cm
· Muffinblech

## Zeitbedarf
· 25 Minuten

## So geht's

1. Den Backofen auf 200 °C (Umluft 180 °C) vorheizen. Die Butter in
einem Topf schmelzen. Aus den Briochescheiben 12 Kreise mit
etwa 7 cm Durchmesser ausstechen und mit einem Nudelholz
ein wenig ausrollen. Die Böden mit etwas zerlassener Butter bestreichen und nach Belieben mit sehr wenig Puderzucker und/oder
Zimtpulver bestäuben. Die so vorbereiteten Briochescheiben in
die Vertiefungen eines Muffinblechs geben, sodass Törtchenböden
mit einem Rand entstehen. Im heißen Backofen 5–10 Minuten goldgelb backen. Aus dem Ofen nehmen und abkühlen lassen.

2. Inzwischen für den Fruchtbelag die Melone schälen, die Kerne entfernen und das Fruchtfleisch in kleine Würfel schneiden. Den Pfirsich
waschen, halbieren, vom Kern befreien und das Fruchtfleisch ebenfalls fein würfeln. Die Himbeeren verlesen, nach Bedarf waschen
und trocken tupfen. Das Obst mit dem Limettensaft mischen und
auf die ausgekühlten Törtchen verteilen. Sofort servieren.

**WANDLUNGSFÄHIG** Die schnell gemachten Törtchen
können Sie auf vielerlei Arten füllen: Puddingcreme,
rote Grütze, Erdbeeren mit geschlagener Sahne. Wer
mag, übergießt die Obstfüllung noch mit etwas Torten-
guss oder dekoriert mit gehackten Pistazien.

# Aprikosenfocaccia

## schön säuerlich und ganz schlicht

DIESE FOCACCIA SCHMECKT AUCH MIT ANDEREN SOMMERFRÜCHTEN
WIE KIRSCHEN ODER STACHELBEEREN GANZ WUNDERBAR.

### Zutaten für 2 Fladen

20 g frische Hefe

1 EL Zucker

300 – 350 ml Wasser

500 g Mehl

1 TL Salz

### Für den Belag

200 g Aprikosen

1 kleiner Zweig Rosmarin

2 EL Zucker

3 EL Butter

### Zeitbedarf

- 25 Minuten
- 90 Minuten gehen
- 25 Minuten backen

### So geht's

1. Hefe mit Zucker und der Hälfte des Wassers verrühren. Das Mehl mit dem Salz mischen und in eine Schüssel geben, eine Mulde formen und die Hefemischung hineingeben. Langsam rühren und dabei immer mehr Mehl mit in die Hefe mischen. Die angerührte Hefemischung an einem warmen Ort ca. 15 Minuten gehen lassen.

2. Nun das restliche Wasser zugeben und mit den Knethaken des Handrührgeräts oder den Händen zu einem geschmeidigen Teig kneten. Von allen Seiten mit Mehl bestäuben und in der Schüssel nochmals 45 Minuten gehen lassen.

3. In der Zwischenzeit für den Belag die Aprikosen waschen, entsteinen und in schmale Spalten schneiden. Den Rosmarin waschen, trocken schütteln und die Nadeln abzupfen. Zusammen mit dem Zucker in einem Mörser fein mahlen.

4. Den Backofen auf 200 °C (Umluft 180 °C) vorheizen. Den Teig noch einmal durchkneten, damit die Luft entweichen kann, halbieren, zu zwei Fladen ausrollen und auf ein Backblech legen. Erneut ca. 30 Minuten gehen lassen. Mit den Fingern Vertiefungen in den Teig drücken und die Aprikosenspalten darüber verteilen. Den Zucker darüberstreuen und die Butter in Flöckchen auf den Teigfladen verteilen. Im heißen Ofen 20 – 25 Minuten backen.

### Die Variante

#### Stachelbeertarte

Aus 250 g Mehl, 1 Ei, 60 g Zucker, 2 Päckchen Vanillezucker, 1 Prise Salz und 125 g kalter Butter einen Mürbteig kneten und mindestens 30 Minuten kühlen. Den Teig auf Backpapier etwas größer als die Tarteform ausrollen und in die Form heben. 600 g Stachelbeeren verlesen, waschen und auf dem Teig verteilen. Mit 3 EL Puderzucker bestäuben und 3 – 4 EL Mandelstifte darüberstreuen. Im vorgeheizten Backofen bei 200 °C ca. 30 Minuten backen.

# Pfirsich-Crumble

## *aus dem Glas*

SUPERREIFE SAFTIGE FRÜCHTE UND KNACKIGE SCHOKOSTREUSEL VERSPRECHEN EIN UNWIDERSTEHLICHES GESCHMACKSERLEBNIS.

### Zutaten für 4 Portionen

7–10 Pfirsiche
oder 1 große Dose Pfirsich-
hälften und 2–3 Äpfel

1 EL Vanillezucker

Saft von ½ Limette

### Für die Streusel

200 g Mehl

5 EL gemahlene Mandeln

2 EL Kakaopulver

100 g Rohrzucker

120 g Butter

### besonderes Werkzeug
• 4 feuerfeste Gläser oder
  Förmchen

### Zeitbedarf
• 20 Minuten
• 30 Minuten backen

### So geht's

1. Den Backofen auf 180 °C (Umluft 160 °C) vorheizen. Die Pfirsiche waschen und nach Belieben enthäuten. Die Früchte halbieren, den Kern entfernen und das Fruchtfleisch in mundgerechte Stücke schneiden. Mit Vanillezucker und dem Limettensaft mischen und auf die Gläser verteilen.

2. Für die Streusel Mehl, Mandeln, Kakaopulver und Zucker in einer Schüssel mischen. Die Butter in einem Topf schmelzen und zur Mehlmischung geben. Die Masse zu Streuseln verkneten und über die vorbereiteten Pfirsiche in den Gläsern verteilen. Im heißen Ofen ca. 30 Minuten backen.

**ERFRISCHENDES PFIRSICHSORBET** ist eine wunderbare Ergänzung zum Crumble. Dazu pürieren Sie 2 gehäutete und entsteinte Pfirsiche und 150 ml Wasser mit dem Stabmixer. Das Püree mit 2 Zweigen Zitronenmelisse und 2–3 EL Vanillezucker in einem Topf aufkochen und rühren, bis sich der Zucker aufgelöst hat. Zitronenmelisse entfernen, die Masse in eine Metallschüssel füllen und ins Gefrierfach stellen. Wenn das Sorbet nach ca. 2 Stunden anfängt fest zu werden, mit einer Gabel alle 30 Minuten durchrühren.

Der Crumble schmeckt auch
mit vielen anderen Früchten.
Wenn Sie das Kakaopulver
weglassen, erhalten Sie helle
Streusel, die Sie noch mit
gehackten Nüssen ergänzen
oder mit etwas frisch geriebenem Ingwer würzen können.

# Sommerrollen
## *Fruchtiges zum Dippen*

DA WERDEN IHRE GÄSTE STAUNEN UND GLEICH NOCH EINMAL ZUGREIFEN:
SÜSSES ASIA-FINGERFOOD FÜR DIE NACHMITTÄGLICHE KAFFEETAFEL.

### Zutaten für 20 Röllchen

je 1 Zweig Basilikum und Minze

200 g Mangofruchtfleisch

150 g Ananasfruchtfleisch

2 EL Kokosflocken

2 EL Sesamsamen

20 Blätter Reispapier (Ø 16 cm)

### Für den Dip

1 Stück eingelegter Ingwer
(plus 1 EL Ingwersirup)

3 EL Limettensaft

1 EL flüssiger Honig

### Zeitbedarf
• 30 Minuten

### So geht's

1. Für die Füllung der Sommerrollen die Kräuter waschen, trocken schütteln, die Blättchen abzupfen und fein hacken. Das Mango- und Ananasfruchtfleisch sehr fein würfeln und mit den Kräutern, Kokosflocken und Sesamsamen vermischen.

2. Die Reispapierblätter jeweils kurz vor dem Füllen in kaltes Wasser legen und etwas einweichen, sodass sie biegsam werden. Dann jeweils 1 Esslöffel Obstfüllung auf die untere Hälfte eines eingeweichten Reisblatts legen, die untere Seite darüberschlagen, die Seiten einklappen und das Ganze möglichst fest aufrollen. Die fertigen Rollen bis zum Servieren auf eine Backmatte oder ein Backpapier mit der Nahtstelle nach unten legen.

3. Für den Dip den Ingwer sehr fein hacken. Ingwersirup mit Limettensaft und Honig verrühren und den gehackten Ingwer unterrühren. Als Dip zu den Röllchen servieren.

# Hollerküchle
## für Frühlingsnachmittage

WENN IM MAI UND JUNI DER HOLUNDER BLÜHT, SOLLTE MAN SICH DIESEN DUFTIGEN GENUSS WIRKLICH NICHT ENTGEHEN LASSEN.

### Zutaten für 18 Küchle

18 Holunderblütendolden (Mai/Juni)

2 Eier (Größe M)

100 g Mehl

120 ml Cidre oder Apfelsaft

1 Päckchen Vanillezucker

1 Prise Salz

¾ l neutrales Pflanzenöl

Puderzucker

### Zeitbedarf

• 5 Minuten
• 30 Minuten quellen
• ca. 20 Minuten ausbacken

### So geht's

1. Die Holunderblüten nach daran sitzenden Insekten und welken Pflanzenteilen absuchen. Möglichst nicht waschen, denn der meiste Geschmack steckt im feinen Blütenstaub.

2. Die Eier trennen. Eigelbe mit Mehl und Cidre oder Apfelsaft glatt rühren und den Vanillezucker untermischen. Den Teig ca. 30 Minuten quellen lassen.

3. Die Eiweiße mit dem Salz steif schlagen und unter den Teig heben. Das Öl in einem weiten Topf oder einer hohen Pfanne erhitzen. Jeweils drei Blütendolden durch den Teig ziehen und ins heiße Öl tauchen. Die Küchle in ca. 3 Minuten goldgelb ausbacken, dann mit einer Schöpfkelle herausfischen und auf einem Küchenpapier entfetten. Die fertigen Hollerküchle mit Puderzucker bestäuben und noch warm servieren.

Etwas halb geschlagene, mit Vanillezucker gesüßte Sahne schmeckt wunderbar zu den Hollerküchle.

### Die Variante

#### Apfelküchle
Aus dem gleichen Teig lassen sich auch Apfelküchle oder Apfelbeignets zubereiten. Für die angegebene Teigmenge ca. 5 Äpfel verwenden (ergibt ca. 25 Apfelscheiben). Dafür die Äpfel schälen, das Kerngehäuse mit einem Apfelausstecher entfernen und in jeweils 5 gleichmäßige Scheiben schneiden. Diese im Teig wenden und dann im heißen Fett frittieren. Auf Küchenpapier abtropfen lassen und mit Puderzucker und/oder etwas Zimtpulver bestäubt servieren.

# Beerige Eistorte
## *für richtig heiße Tage*

SOMMERHITZE UND KEINE LUST AUF TORTE? DOCH NATÜRLICH! DIESE EISTORTE IST JETZT GENAU DAS RICHTIGE FÜR SÜSSE NASCHKATZEN.

## Zutaten für 1 Torte

6 Eier (Größe M)

1 Prise Salz

180 g feiner Zucker

1 Bio-Orange

120 g Mehl

3 TL Backpulver

4 EL Kakaopulver

### Für die Füllung

1 Liter Vanilleeis

250 g Erdbeeren

200 g Heidelbeeren

100 g Vollmilchschokolade

### besonderes Werkzeug
• Schüssel mit ca. 2,5 l Inhalt

### Zeitbedarf
• 25 Minuten
• 20 Minuten backen
• über Nacht ruhen
• 2 Stunden gefrieren

## So geht's

1. Die Eier trennen. Die Eiweiße mit Salz und Zucker steif schlagen. Die Orange heiß waschen, abtrocknen, die Schale fein abreiben und den Saft auspressen. Schale und Saft gut unter den Eischnee rühren. Mehl mit Back- und Kakaopulver mischen.

2. Den Backofen auf 180 °C (Umluft 160 °C) vorheizen. Die Eigelbe nacheinander unter den Eischnee mischen. Die Mehlmischung darübersieben und vorsichtig unterheben. Den Teig auf ein mit Backpapier ausgelegtes Backblech streichen und im heißen Ofen 15–20 Minuten backen.

3. Den fertigen Biskuit auf ein mit feinem Zucker bestreutes Küchentuch stürzen und das Backpapier vorsichtig abziehen. Dann den Biskuit auskühlen lassen, am besten über Nacht.

4. Für die Füllung die Eiscreme etwas antauen lassen, sie darf jedoch nicht zu flüssig werden. Erdbeeren und Heidelbeeren verlesen, waschen und trocken tupfen. Die Erdbeeren je nach Größe halbieren oder vierteln. Die Schokolade über einem Wasserbad langsam schmelzen lassen. Eine Schüssel mit Frischhaltefolie auslegen. Den Schokoladenbiskuit mit der geschmolzenen Schokolade bestreichen, in Stücke bzw. Streifen schneiden und die Schüssel damit dicht auslegen [→ a]. Eine Hälfte der Eiscreme einfüllen, mit Erdbeeren und Heidelbeeren belegen [→ b] und die restliche Eiscreme daraufgeben. Mindestens 2 Stunden gefrieren.

5. Etwa ½ Stunde vor dem Servieren aus dem Tiefkühler nehmen und leicht antauen lassen. Mit Puderzucker bestäubt servieren.

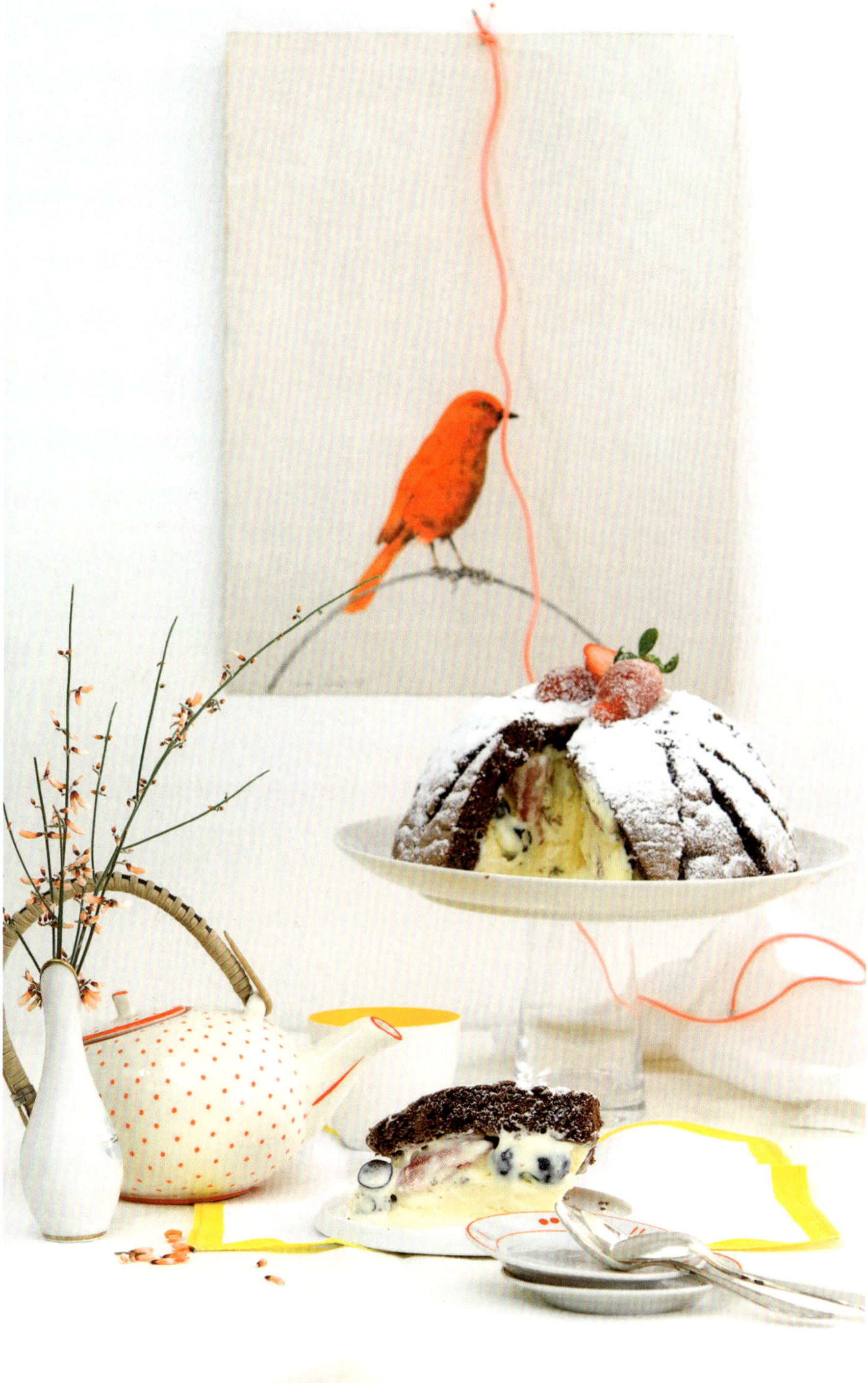

## DAS IST *wirklich* WICHTIG

**[a] BISKUITHÜLLE** So passt der Biskuit am besten in die Schüssel: Zunächst einen Kreis auf den Boden der Schüssel legen. Den restlichen Biskuit in Dreiecke schneiden und dann dicht an dicht nebeneinander an den Schüsselrand legen.

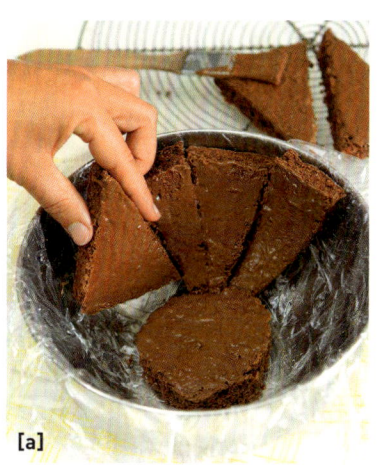

[a]

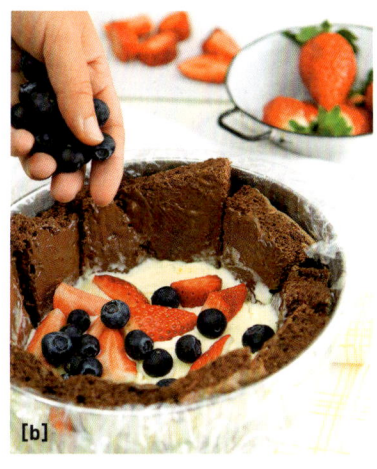

[b]

Wunderbar dazu: eine leicht angeschlagene Vanillesahne. ½ Vanilleschote aufschlitzen und das Mark herauskratzen. 200 g Sahne leicht
anschlagen, Vanillemark und 1 EL feinen Zucker zugeben und bis zur
gewünschten Konsistenz aufschlagen.

# Apfeldatschi

## *sommerlich-frisch*

DER SOMMER LOCKT NACH DRAUSSEN! GENIESSEN SIE DIESEN DATSCHI
MIT FREUNDEN AUF DEM BALKON, DER TERRASSE ODER IM GARTEN.

## Zutaten für 1 Backblech

### Für den Teig

300 g Mehl

200 g kalte Butter

80 g Zucker

5 EL Sahne

### Für den Belag

1,2 kg Äpfel

Saft einer ½ Zitrone

1 TL Zimtpulver

1 EL frisch geriebener Ingwer

100 ml Kokosmilch

150 g Amarettini

### Zeitbedarf
- 25 Minuten
- 30 Minuten ruhen
- 40 Minuten backen

## So geht's

1. Aus Mehl, Butter, Zucker und Sahne zügig einen glatten Teig kneten und in Frischhaltefolie gewickelt ca. 30 Minuten im Kühlschrank ruhen lassen.

2. Inzwischen die Äpfel schälen, vierteln und vom Kerngehäuse befreien. Dann die Apfelviertel in schmale Spalten schneiden.

3. Aus Zitronensaft, Zimtpulver, geriebenem Ingwer und Kokosmilch eine Marinade für die Äpfel anrühren und die Äpfel darin wenden. Die Amarettini in einem Gefrierbeutel mit einem Nudelholz grob zerkleinern.

4. Den Backofen auf 180 °C (Umluft 160 °C) vorheizen. Den Teig auf etwas Mehl in der Größe eines Backblechs ausrollen und auf ein mit Backpapier belegtes Backblech legen. Die Apfelmischung auf dem Boden verteilen und mit den zerkrümelten Amarettini bestreuen. Den Kuchen im heißen Backofen ca. 40 Minuten backen, bis der Teig goldgelb ist.

## Die Variante

### Apfelflammkuchen
300 g Mehl mit ca. 150 ml Wasser, 3 EL neutralem Pflanzenöl und 1 Prise Salz zu einem glatten Teig verarbeiten. Den Teig etwas ruhen lassen und in der Zwischenzeit ca. 700 g Äpfel schälen, halbieren, vierteln und vom Kerngehäuse befreien. Die Äpfel in feine Scheiben hobeln und sofort mit 3 EL Zitronensaft vermischen. Den Teig ausrollen und auf ein mit Backpapier belegtes Backblech legen. 5 EL Vanillesauce auf den Teig streichen, die Apfelscheiben darauf verteilen und 3 EL Rosinen und 2 EL Mandelsplitter darüberstreuen. Den Kuchen bei 220 °C ca. 10 Minuten backen.

# Fruchtig, spritzig, frisch
## *So schmeckt der Sommer*

WENN BEI 25 GRAD IM SCHATTEN DER KAFFEE NICHT MEHR SO RECHT
SCHMECKEN WILL, DANN SERVIEREN SIE IHREN GÄSTEN DOCH DIESE
KÜHLEN ERFRISCHUNGEN.

### FRUCHTIGER EISTEE

Für ca. 1 Liter Eistee aus 300 ml kochendem
Wasser und 2 EL schwarzem Tee einen kräf-
tigen Teeaufguss zubereiten. Diesen mindestens 5 Minuten ziehen lassen, dann den Tee
abgießen und abkühlen lassen. 200 ml gut
gekühlten Aprikosensaft zugießen und mit

500 ml eiskaltem Mineralwasser langsam
aufgießen. Für die Dekoration ein paar kleine
Würfelchen frische Aprikosen ins Glas geben
und mit dem Eistee aufgießen. Hübsch sieht
es auch aus, wenn man den Eistee in einer
schönen Karaffe mit einigen Eiswürfeln darin
serviert.

## SPRITZIGE LIMO

Auch eine gut gekühlte Limonade passt wunderbar zum sommerlichen Kaffeeklatsch. Aus den selbst gemachten Sirups von Seite 138, die Sie auf Vorrat zubereiten können, bereiten Sie mit eiskaltem Mineralwasser und ein paar Eiswürfeln im Nu eine spritzig-erfrischende Limo ganz ohne künstliche Zusatzstoffe.

## AFFOGATO

Pro Portion 1 Kugel Vanilleeis mit einem frisch gebrühten starken Espresso übergießen. Wer mag, streut noch ein Teelöffelchen Haselnusskrokant über die Eiskugel. Sofort servieren.

## EISSCHOKOLADE MIT SCHUSS

Für 4 Gläser (à 300 ml) 1 Liter Milch in einem Topf aufkochen. 2 EL Kakaopulver mit 1 EL Vanillezucker verrühren und mit 2 EL heißer Milch glatt rühren. Diese Mischung mit einem Schnee-besen unter ständigem Rühren in die aufge-kochte Milch einrühren. Vom Herd nehmen und abkühlen lassen. In jedes Glas 2 Kugeln Stracciatella-Eis geben. 3 EL Cointreau unter den kalten Kakao rühren und die Eiskugeln damit über-gießen. Mit etwas Schlagsahne, wenig frisch abgeriebener Orangenschale und jeweils einem langen Löffel und einem Strohhalm servieren.

## CAPPUCCINO ON ICE

Pro Portion (ca. 150 ml) einige Eiswürfel, 100 ml kalte Milch und 1 TL Puderzucker in einen Shaker geben und mit einem frisch ge-brühten starken Espresso übergießen. So lange kräftig schütteln, bis der Espresso kalt ist. In ein Kaffeeglas 3 Eiswürfel geben und die Milch-Espresso-Mischung durch ein Sieb ins Glas gießen. Besonders hübsch sieht es aus, wenn man den Drink mit frisch geschäumtem Milch-schaum serviert.

# Endless Summer Dream
## *mit Trauben und Feigen*

GENAU DER PASSENDE DRINK FÜR DIE LETZTEN TAGE DES SOMMERS,
WENN ES DIE SÜSSEN FRÜCHTE RICHTIG REIF ZU KAUFEN GIBT.

### Für 4 Gläser

8 ganz reife blaue Feigen
(ca. 120 g)

600 ml roter Traubensaft

1 TL Spritzer Zitronensaft

½ TL Zimtpulver

½ TL gem. Kardamom

8 EL zerstoßenes Eis

4 Zimtstangen für die Deko

### besonderes Werkzeug
• Mixer oder Pürierstab

### Zeitbedarf
• 10 Minuten

### So geht's

1. Die Feigen waschen. Nur wenn die Schale sehr fest sein sollte, die Früchte schälen, ansonsten mit Schale verwenden. Den Stiel- und Blütenansatz mit einem kleinen Messer entfernen, die Früchte achteln und in einen Mixer geben.

2. Den Traubensaft dazugießen, den Zitronensaft und die Gewürze zufügen. Auf höchster Stufe so lange mixen, bis ein cremiger Drink entstanden ist.

3. Das zerstoßene Eis in vier Longdrinkgläser geben, den Feigendrink darübergießen. Mit je einer Zimtstange dekorieren und sofort mit einem Strohhalm servieren.

**KÜHLSTEINE** So können Sie Getränke kühlen, ohne sie zu verwässern: Suchen Sie sich einige schöne glatte, nicht zu große Kieselsteine. Diese einmal in kochendem Wasser abkochen, abtrocknen und ins Gefrierfach legen. Die eiskalten Steine dann vorsichtig in die Gläser mit dem zu kühlenden Getränk geben.

# Melonen-Bowle
## *mit Basilikum*

STECHEN SIE DAS FRUCHTFLEISCH MIT EINEM KUGELAUSSTECHER AUS,
DANN SEHEN DIE MELONENKUGELN IM GLAS BESONDERS NETT AUS.

## Zutaten für ca. 2 Liter

½ Honigmelone

¼ Wassermelone (ca. 800 g)

½ Charentais-Melone

2 Zweige Basilikum

100 ml Wodka

100 ml Cointreau

150 ml Lime Juice

200 ml weißer Traubensaft

2 Flaschen gut gekühlter Prosecco (à 0,75 l)

### Zeitbedarf
- 20 Minuten
- 2 Stunden ruhen

## So geht's

1. Das Melonenfruchtfleisch jeweils aus der Schale schneiden, die Kerne entfernen und in kleine Würfel schneiden. Basilikum waschen, trocken schütteln, die Blättchen abzupfen und grob klein schneiden. Mit den Melonenwürfeln in einer Schüssel mischen und mit Wodka, Cointreau, Lime Juice und Traubensaft übergießen. Einmal umrühren und zugedeckt mindestens 2 Stunden durchziehen lassen.

2. Kurz vor dem Servieren den eisgekühlten Prosecco langsam über die Früchtemischung gießen. Cocktailspießchen oder kleine Gabeln dazu reichen, damit man die Früchte aus dem Glas fischen kann.

## Die Variante

### Beeren-Bowle
Für 6 Gläser (à 200 – 250 ml) 300 g Erdbeeren, 200 g Himbeeren, 200 g Heidelbeeren waschen, verlesen und trocken tupfen. Die Erdbeeren je nach Größe halbieren oder vierteln. Die Beeren in ein Gefäß geben, mit 100 ml Aperol, 100 ml Gin und 50 ml Grenadine aufgießen und 3 Stunden marinieren. 200 ml Sauerkirschsaft unter die Beeren mischen und mit 1 Flasche gut gekühltem Rosésekt (à 0,75 l) langsam aufgießen.

**ALKOHOLFREI** Wer Bowle gerne alkoholfrei genießen möchte, der lässt den hochprozentigen Alkohol weg und mariniert die Früchte einfach mit etwas Zucker oder 3 – 4 Esslöffeln Sirup nach Belieben. Dann anstatt mit Prosecco oder Sekt einfach mit der gleichen Menge Bitter Lemon oder Ginger Ale auffüllen. So wird die Bowle nicht zu süß und schön spritzig.

WIR MACHEN
ES UNS
*gemütlich*

WENN ES DRAUSSEN
KALT UND UNGEMÜTLICH
WIRD, GENIESST MAN DIE
KUSCHELIGEN STUNDEN ZU
HAUSE UMSO MEHR.
MIT BRATÄPFELN,
LEBKUCHEN-TIRAMISU UND
WÄRMENDEM PUNSCH.

# Warm und kuschelig
## *für gemütliche Stunden*

ZUR KALTEN JAHRESZEIT PASSEN WÄRMENDE ACCESSOIRES:
WEICHE WOLLE, FLAUSCHIGES FELL UND WINTERLICHE GEWÜRZE.

### ZIMT & CO.

Winterliche Gewürze bestimmen jetzt die Aromenvielfalt. Greifen Sie das schon bei der Einladung auf und schmücken Sie sie mit einer extralangen Zimtstange oder einigen Sternanis. Und schüren Sie Spannung und Vorfreude noch ein bisschen mehr an und hängen Sie einen der selbst gemachten Teebeutel (siehe Seite 118) mit an die Karte.

### WARM UMWICKELT

Besteck wird passend zur Jahreszeit in flauschige Wolle gewickelt. Das sieht nicht nur hübsch aus, sondern schützt an der Schneebar auch vor kalten Fingern. Verwenden Sie wiederverwertbares Holzbesteck oder einfach Ihre Lieblingslöffel und -gabeln.

### ANZIEHENDE IDEEN

Die passende Dekoration für einen gemütlichen Nachmittag bei Kaffee und Kuchen ist schnell gemacht – ein Griff in den Schrank genügt: Beziehen Sie einfach Mützen, Schals, Handschuhe oder Stulpen mit in die Tischdeko ein. Die Kaffeekanne bekommt eine Pudelmütze und der Schal dient als unkomplizierter Tischläufer. Kleiner Aufwand, große Wirkung!

### SCHNELL GESTRICKT

Mit besonders dicker Wolle lassen sich im Handumdrehen kleine Untersetzer, Platzdeckchen oder Tassenwärmer häkeln oder stricken. Dazu brauchen Sie außer ein paar Vorkenntnissen, dicken Nadeln und dicker Wolle in schönen Herbst- und Winterfarben nur ein kleines bisschen Zeit und schon können Sie diese Accessoires selbst herstellen.

### EINFACH GEMÜTLICH

Es ist Kuschelzeit: gemeinsames Teetrinken am flackernden Kaminfeuer mit süßen Verführungen. Wer muss da gesittet am gedeckten Tisch sitzen? Machen Sie es sich mit Ihren Gästen doch einfach mal auf dem Boden rund um den niedrigen Couchtisch gemütlich. Schön bequem mit Sitzkissen, Poufs, Fellen und dicken Decken für alle. Praktisch: Einige kleine Tische oder Hocker bereitstellen, dann hat jeder Getränk und Teller gleich in Reichweite.

[b]

# DAS IST
## *wirklich* WICHTIG

**[a] DIE BIRNEN** sollten nicht zu reif bzw. nicht allzu saftig sein, damit die Pie einen schön knusprigen Boden bekommt. Wenn Ihnen die Birnen zu saftig erscheinen, mischen Sie noch 2–3 EL gemahlene Haselnüsse oder Mandeln unter die Birnenmischung. So wird überschüssige Flüssigkeit etwas aufgesogen.

**[b] TEIGDECKEL AUFLEGEN** Den Teigdeckel für die Pie rundherum am Rand gut festdrücken, damit er sich bei Backen nicht öffnet.

# Birnen-Pie
## *fein gewürzt*

VERY BRITISH: LAUWARM UND ANGENEHM FRUCHTIG MACHT DIESE
PIE JEDE KAFFEESTUNDE ZUM KULINARISCHEN VERGNÜGEN.

### Zutaten für 1 Pie

500 g Mehl, 100 g Zucker

1 Prise Salz, 300 g Butter

6 EL Crème fraîche

1 EL fein geriebener
Ingwer

### Für die Füllung

1 kg reife, aber nicht zu
saftige Birnen

2 EL Zitronensaft

2 EL Speisestärke

2 EL brauner Zucker

1 Prise Nelkenpulver

1 Prise frisch geriebene
Muskatnuss

1 Eigelb (Größe M)

1 EL brauner Zucker

### besonderes Werkzeug
• Pie- oder Tarteform
  Ø 25 cm

### Zeitbedarf
• 35 Minuten
• 40 Minuten backen

### So geht's

1. Das Mehl mit Zucker und Salz mischen. Dann
   Crème fraîche, kalte Butter in Stückchen und
   Ingwer dazugeben und zügig einen glatten Teig
   daraus kneten. Den Teig zu einer Kugel formen
   und in Frischhaltefolie gewickelt im Kühlschrank
   mindestens 30 Minuten kühlen.

2. Für die Füllung die Birnen schälen, halbieren,
   vom Kerngehäuse befreien und in mundgerechte
   Würfel schneiden. Die Birnenwürfel mit Zitronensaft, Speisestärke, Zucker und den Gewürzen
   mischen [→ a].

3. Den Backofen auf 200 °C (Umluft 180 °C) vorheizen. Eine Pie- oder Tarteform einfetten. Den
   Teig halbieren und eine Hälfte in der Größe der
   Form ausrollen. Am besten geht das zwischen
   zwei Lagen Frischhaltefolie. Den Teig in die Form
   legen und die Ränder nach oben ziehen. Dann
   die Birnenmischung auf dem Teig verteilen und
   die zweite Teighälfte als Deckel ausrollen und auf
   die Füllung legen [→ b].

4. Die Teigdecke mit einem Holzstäbchen mehrmals
   vorsichtig einstechen, mit verquirltem Eigelb bestreichen und mit dem Zucker bestreuen. Im heißen Ofen ca. 15 Minuten backen. Dann die Hitze
   auf 180 °C (Umluft 160 °C) reduzieren und weitere
   20 – 30 Minuten backen, bis die Pie goldgelb ist.

### Die Variante

#### Quittenstrudel
700 g Quitten schälen und
in Stücke schneiden. Mit
150 ml Apfel- oder Birnensaft, 200 g Zucker und
1 Zimtstange ca. 45 Minuten
dünsten. 2 – 3 EL gemah-
lene Nüsse unterrühren.
1 Packung Strudelteig
(Kühlregal) ausrollen, mit
200 g Sauerrahm bestrei-
chen, das Quittenkompott
darauf verteilen und zu
einem Strudel aufrollen.
Bei 200 °C (Umluft 180 °C)
ca. 30 Minuten goldgelb
backen.

# Kokos-Brownies

## *wunderbar schokoladig*

BROWNIES MÜSSEN INNEN SCHÖN WEICH, FAST KLEBRIG SEIN – DANN SIND SIE GENAU RICHTIG FÜR DEN ULTIMATIVEN SCHOKO-GENUSS.

### Zutaten für ca. 25 Brownies

350 g dunkle Schokolade

250 g Butter

250 g brauner Zucker

5 Eier (Größe M)

100 ml Kokosmilch

100 g Mehl

80 g Kokosflocken

### besonderes Werkzeug
• Backform ca. 25 x 25 cm oder
• Springform Ø 28 cm

### Zeitbedarf
• 20 Minuten
• 30 Minuten backen

### So geht's

1. Die Schokolade grob hacken, dann Butter und 200 g Schokolade zusammen schmelzen und abkühlen lassen.

2. Den Backofen auf 180 °C (Umluft 160 °C) vorheizen und eine Backform- oder Springform einfetten. Den Zucker mit den Eiern verquirlen. Dann die Kokosmilch und die Schokoladenbutter unterrühren. Mehl und Kokosflocken in einer Schüssel mischen und unter die Eiermischung rühren. Zuletzt zügig die restlichen Schokoladenstückchen untermischen. Den Teig in die vorbereitete Form geben und im heißen Ofen ca. 30 Minuten backen.

3. Den gebackenen Teig leicht abkühlen lassen, dann aus der Form lösen und in etwa 25 Rechtecke schneiden. Wer mag, verziert die abgekühlten Brownies noch mit Schokoladenglasur oder Kuvertüre und aufgestreuten Kokoschips.

**BROWNIES HÜBSCH IN FORM** Mit etwas größeren Ausstechformen können Sie den fertig gebackenen Brownie-Teig auch in unterschiedliche Formen bringen. Wie wäre es mit Herzen, Tannenbäumen oder Sternen für den weihnachtlichen Kaffeeklatsch?

# Pflaumenschnittchen
### *mit Kokostopping*

SAFTIGER TEIG, FRUCHTIGER AUFSTRICH UND KNUSPRIGES TOPPING – DIE
MISCHUNG AUS WEICH, SAFTIG UND KNACKIG MACHT RICHTIG LAUNE IM MUND.

## Zutaten für ca. 40 Schnittchen

50 g Weichweizengrieß

150 g Mehl

50 g weiche Butter

50 g Zucker

2 Eigelb (Größe M)

2 EL Milch

### Für das Topping

75 g Butter

50 g Zucker

2 EL Wasser

200 g Kokosflocken

1 Eiweiß

150 g Pflaumenmus

### Zeitbedarf
• 30 Minuten
• ca. 10 Minuten backen

## So geht's

1. Grieß und Mehl miteinander in einer Schüssel mischen. Die Butter mit dem Zucker schaumig rühren, dann die Eigelbe nacheinander zugeben und unterrühren. Zuletzt die Mehlmischung abwechselnd mit der Milch unterkneten.

2. Den Backofen auf 180 °C (Umluft 160 °C) vorheizen und ein Backblech mit Backpapier belegen. Den Teig auf etwas Mehl in der Größe des Backblechs ausrollen und auf das vorbereitete Backblech legen. Mit einer Gabel mehrmals einstechen und im heißen Ofen ca. 10 Minuten vorbacken.

3. Inzwischen für das Topping die Butter mit Zucker und Wasser in einem Topf schmelzen, dann die Kokosflocken untermischen und das Eiweiß unterrühren. Das Pflaumenmus auf den vorgebackenen, noch warmen Teig streichen. Die Kokosmischung darauf verteilen und leicht andrücken. Die Schnittchen bei gleicher Temperatur weitere 8–10 Minuten backen, bis die Kokosflocken eine leichte Bräunung bekommen. Herausnehmen und abkühlen lassen. Den ausgekühlten Kuchen in Schnittchen (ca. 4 x 8 cm) schneiden.

# Knusper-Torte
## mit Sesamkrokant

GENAU DAS RICHTIGE FÜR ALLE, DIE ES CREMIG UND KNUSPRIG ZUGLEICH MÖGEN. DIESE TORTE WÄRMT LEIB UND SEELE UND MACHT EINFACH NUR GLÜCKLICH ...

## Zutaten für 1 Torte

250 g Mehl, 2 EL Backpulver

50 g Sesamsamen

4 Eier (Größe M), 120 g Zucker

200 g weiche Butter, 4 EL Milch

### Für die Füllung

1 Päckchen Vanillepuddingpulver

100 g Zucker, 400 ml Milch

20 g Butter, 150 g Sesamsamen

300 g Sahne

### Für die Dekocreme

100 g Nugatmasse

50 g weiche Butter

2 EL Sesamkrokant

### besonderes Werkzeug
• Springform Ø 26 cm

### Zeitbedarf
• 55 Minuten
• 30 Minuten backen
• 1 Stunde kühlen

## So geht's

1. Den Backofen auf 180 °C (Umluft 160 °C) vorheizen. Mehl und Backpulver in einer Schüssel mischen. Die Sesamsamen in einer Pfanne ohne Fett rösten, bis sie duften. Abkühlen lassen. Eine Springform einfetten und mit etwas Mehl ausstäuben. Für den Teig die Eier mit dem Zucker dickschaumig schlagen, dann die weiche Butter untermischen. Milch und geröstete Sesamsamen ebenfalls untermischen. Mehlmischung auf den Teig geben und zügig unterrühren. Den Teig in die Springform füllen und ca. 30 Minuten backen. Aus dem Ofen nehmen und auskühlen lassen.

2. Für die Füllung den Vanillepudding nach Packungsangabe mit 25 g Zucker und 400 ml Milch kochen. Abkühlen lassen und dabei immer wieder rühren, sodass sich keine Haut bildet.

3. Den restlichen Zucker und die Butter in einem Topf schmelzen und hellgelb karamellisieren lassen. Die Sesamsamen zugeben und alles zu einer homogenen Masse verrühren. Sofort auf eine Silikonmatte oder ein mit Öl eingestrichenes Backpapier gießen und glatt streichen. Vorsicht, der Karamell ist sehr heiß! Nach dem Erkalten den Krokant fein zerstoßen [→ a]. 2 EL Krokant für die Dekoration beiseitestellen.

4. Die Sahne steif schlagen und löffelweise unter den erkalteten Pudding rühren. Den ausgekühlten Kuchen zweimal waagerecht durchschneiden und den unteren und mittleren Boden mit der Puddingsahne bestreichen. Jeweils eine Hälfte des Krokant aufstreuen und die Böden übereinandersetzen. Den oberen, nicht bestrichenen Boden daraufsetzen und leicht festdrücken.

5. Für die Dekocreme die Nugatmasse leicht erwärmen und glatt rühren. Die weiche Butter nach und nach unterrühren, sodass eine glatte Creme entsteht. Die Torte rundherum mit der Nugatcreme bestreichen, mit 2 EL Sesamkrokant bestreuen und vor dem Servieren noch 1 Stunde kühlen.

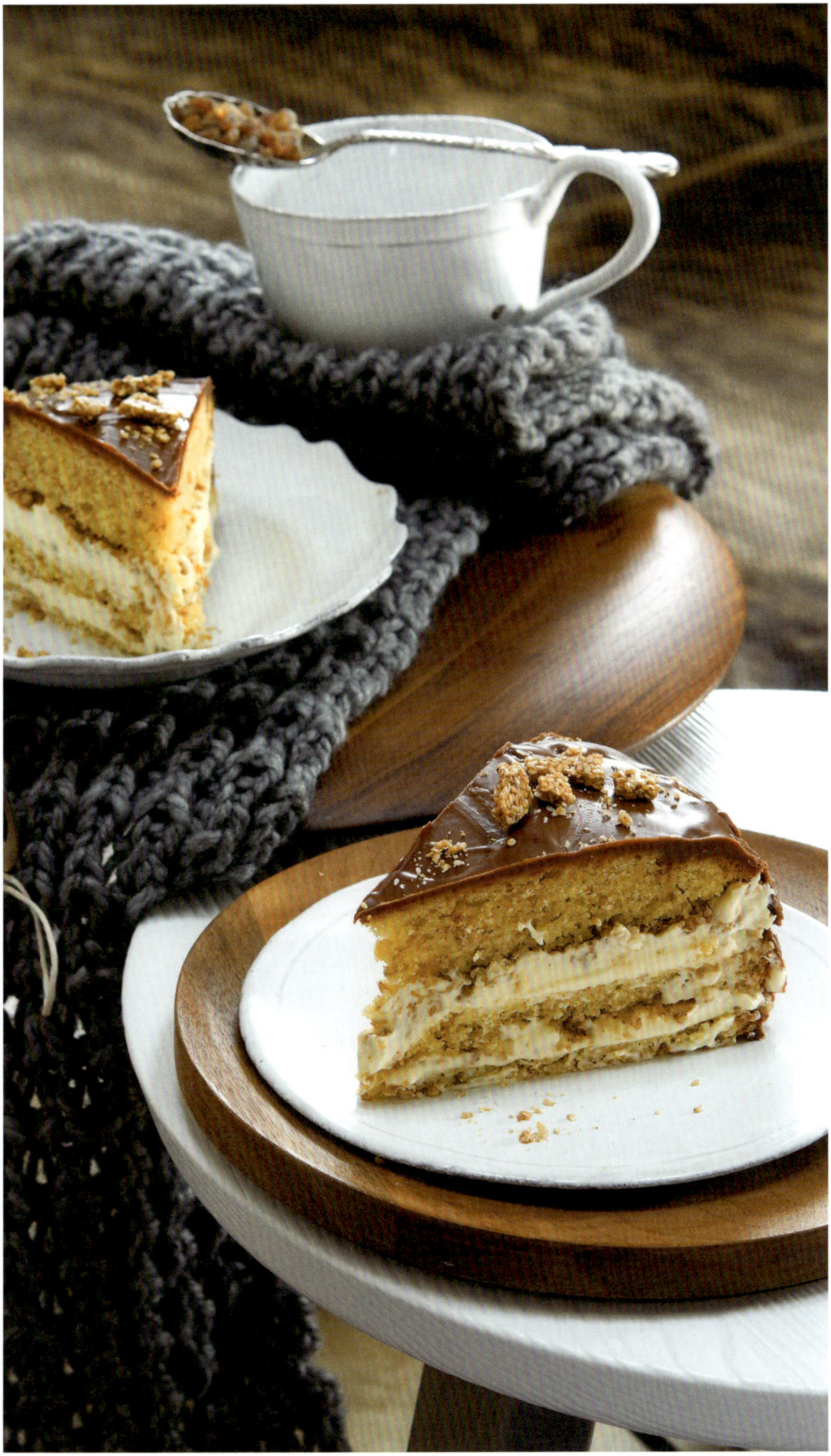

**[a] KROKANT ZERSTOSSEN** Sie können den Krokant einfach in einer Küchenmaschine zermahlen. Genauso gut geht es aber auch mit einem Nudelholz. Rollen Sie damit so lange über den Krokant, bis er fein zerkrümelt ist.

[a]

# Maronen-Bratapfel
## *mit Glühweinsauce*

„KINDER KOMMT UND RATET ..." – WAS GIBT ES SCHÖNERES AN KALTEN
TAGEN ALS EINEN GANZ FRISCHEN HEISSEN BRATAPFEL?

**Zutaten für 4 Portionen**

6 Äpfel

50 g Maronen (vorgegart)

3 EL weiche Butter

3 TL Zucker

1 EL frisch abgeriebene
Bio-Orangenschale

**Für die Sauce**

400 ml kräftiger Rotwein

150 g Zucker

1 Zimtstange

2 Nelken

3 Stücke Bio-Orangenschale

1 Sternanis

**besonderes Werkzeug**
• Kernausstecher
• Auflaufform

**Zeitbedarf**
• 45 Minuten

**So geht's**

1. Den Backofen auf 180° (Umluft 160 °C) vorheizen. Die Äpfel waschen
   und mit einem Kernausstecher das Kerngehäuse entfernen. Für
   die Füllung die Maronen grob hacken und mit der weichen Butter,
   dem Zucker und der Orangenschale mit einer Gabel verkneten.

2. Die Äpfel nebeneinander in eine Auflaufform geben und in die Kern-
   hauslöcher die Füllung verteilen, dabei etwas mit einem Löffelstiel
   nachdrücken, damit die Füllung bis nach unten reicht. Die Äpfel
   dann im heißen Ofen 25 – 30 Minuten braten.

3. In der Zwischenzeit für die Sauce den Rotwein in einem Topf mit
   dem Zucker und den Gewürzen aufkochen und bei schwacher Hitze
   ca. 20 Minuten offen köcheln lassen, sodass eine dickliche, sirup-
   artige Sauce entsteht. Die Sauce zusammen mit den warmen Bratäpfeln servieren.

# Bratapfel-Natas
## für stürmische Herbsttage

WARM UND KNUSPRIG, MIT DEM AROMA VON ÄPFELN UND ZIMT – DA IST DER
HERBSTSTURM DRAUSSEN VOR DEM FENSTER GANZ SCHNELL VERGESSEN.

### Zutaten für 12 Törtchen

1 Packung TK-Blätterteig
(ca. 275 g)

15 g Butter

3 EL gemahlene Mandeln

1 TL Zimtpulver

1 TL Zucker

### Für die Füllung

2 Äpfel

1 EL Butter

1 EL Zucker

1 Päckchen Vanillepuddingpulver

350 ml Milch

1 gehäufter EL Zucker

1–2 EL Rosinen

150 g Topfen oder Quark

### besonderes Werkzeug
· Muffinblech

### Zeitbedarf
· 40 Minuten
· 20 Minuten backen

### So geht's

1. Für die Füllung die Äpfel schälen, halbieren, vom Kerngehäuse befreien und in schmale Spalten schneiden. Die Butter und den Zucker in einer Pfanne karamellisieren lassen, die Apfelspalten zugeben und gut untermischen. Dann die Äpfel ca. 10 Minuten bei schwacher Hitze zu Kompott einkochen lassen. Vom Herd nehmen und etwas abkühlen lassen.

2. Den Backofen auf 200 °C (Umluft 180 °C) vorheizen. Den Blätterteig ausrollen. Butter mit Mandeln und Zimt mischen. Den Teig mit der Masse bestreichen und mit dem Zucker gleichmäßig bestreuen. Dann von der kurzen Seite her fest aufrollen und in 12 Scheiben schneiden. Die Blätterteigstücke nun einzeln leicht ausrollen, sodass sie etwas größer werden als die Vertiefungen des Muffinblechs. Die ausgerollten Teigstücke jeweils in eine Mulde des Muffinblechs geben und etwas festdrücken – es soll dabei ein kleiner Rand entstehen. Im heißen Ofen ca. 10 Minuten vorbacken.

3. Inzwischen aus dem Puddingpulver, der Milch und dem Zucker nach Packungsanweisung einen festen Pudding zubereiten und etwas abkühlen lassen. Die heißen Törtchen aus dem Ofen nehmen und mit einem Teelöffel den eventuell aufgegangenen Blätterteig leicht an den Rand drücken, sodass die vorgebackenen Böden befüllbar werden.

4. Aus dem vorbereiteten Apfelkompott, Rosinen, Topfen und dem Pudding eine glatte Creme rühren und in die Teigböden verteilen. Die Törtchen bei gleicher Temperatur weitere 15–20 Minuten backen, bis die Oberfläche goldgelb ist.

# Herbstwelle
## *mit Hagebutte*

ANGELEHNT AN DEN BELIEBTEN KUCHENKLASSIKER SCHMECKT
DIESER BLECHKUCHEN WUNDERBAR HERBSTLICH UND CREMIG.

## Zutaten für 1 Backblech

350 g Mehl

1 Päckchen Backpulver

350 g weiche Butter oder
Margarine

200 g Zucker, 1 Prise Salz

6 Eier (Größe M)

3 EL gehackte Mandeln

3 EL Milch, 3 EL Kakaopulver

1 Glas Hagebuttenkonfitüre
(ca. 300 g)

## Für den Belag

1 Päckchen Sahnepuddingpulver

500 ml Milch

3 EL Vanillezucker

200 g weiche Butter

2 EL Puderzucker

300 g Kuvertüre, 50 g Kokosfett

## Zeitbedarf
• 60 Minuten
• 35 Minuten backen
• 2 Stunden kühlen

## So geht's

1. Den Backofen auf 180 °C (Umluft 160 °C) vorheizen und ein Backblech einfetten oder mit Backpapier belegen. Für den Teig das
Mehl mit Backpulver mischen. Die weiche Butter mit Zucker und
Salz cremig rühren. Die Eier einzeln aufschlagen und nacheinander unterrühren, dann die Mehlmischung zügig unterheben.

2. Den Teig halbieren, unter die eine Hälfte die gehackten Mandeln
mischen und auf das vorbereitete Blech streichen. Die andere
Teighälfte mit der Milch und dem Kakaopulver mischen und den
dunklen auf den hellen Teig streichen. Dann mit einem Teelöffel
kleine Mulden in den Teig drücken und die Hagebuttenkonfitüre
in die Mulden geben. Den Kuchen im heißen Ofen ca. 35 Minuten
backen. Herausnehmen und abkühlen lassen.

3. Für den Belag aus Puddingpulver, Milch und Vanillezucker nach
Packungsangabe einen Pudding kochen. Abkühlen lassen und
dabei immer wieder umrühren, damit sich keine Haut bildet.

4. Die Butter mit dem Puderzucker mit dem Handrührgerät cremig
rühren und den ausgekühlten Pudding löffelweise unterrühren. Auf
dem abgekühlten Kuchen verteilen und für 2 Stunden kühl stellen.

5. Die Kuvertüre mit dem Kokosfett über einem Wasserbad schmelzen und etwas abkühlen lassen. Dann die noch flüssige Kuvertüre
gleichmäßig auf dem gut gekühlten Kuchen verteilen und fest
werden lassen. Wer mag, verziert die Herbstwellen kurz vor dem
Festwerden der Kuvertüre mit einer Gabel im typischen Donau-
wellenmuster in wellenförmigen Linien.

Spielen Sie mit den Aromen: Verwenden Sie Pflaumenmus oder kleine Birnen- und Apfelstücke und geben
Sie dem weißen Teig mit 1 EL frisch geriebenem Ingwer
oder 1 TL Zimt einen besonderen Geschmack.

Lucia

# Crostata
## *mit Mandarinen*

ALS ITALIENISCHE DESSERT-TARTE IST DIESE ART VON KUCHEN BEKANNT.
VERSUCHEN SIE DIESE WINTERLICHE, FRUCHTIG-HERBE VARIANTE.

## Zutaten für 1 Crostata

250 g Mehl

1 Ei

80 g Zucker

1 Päckchen Vanillezucker

1 TL Zimtpulver

1 Prise Salz

125 g weiche Butter

### Für den Belag

250 g Zitrus-Marmelade

2 Bio-Mandarinen

1 EL Puderzucker

### besonderes Werkzeug
· Tarteform Ø 30 cm

### Zeitbedarf
· 20 Minuten
· 30 Minuten kühlen
· 30 Minuten backen

## So geht's

1. Mehl, Ei, Zucker, Vanillezucker, Zimt, Salz und Butter miteinander verkneten, sodass ein glatter Teig entsteht. Den Teig zu einer Kugel formen, in Frischhaltefolie wickeln und ca. 30 Minuten kühlen.

2. Den Backofen auf 200 °C (Umluft 180 °C) vorheizen und eine Tarteform einfetten oder den Boden mit Backpapier belegen. Den Teig auf etwas Mehl oder zwischen zwei Lagen Frischhaltefolie ca. 5 mm dick etwas größer als die Tarteform ausrollen und in die Form legen. Die Zitrusmarmelade aufstreichen.

3. Für den Belag die Mandarinen heiß waschen, abtrocknen und mit der Schale in dünne Scheiben schneiden. Die Mandarinenscheiben auf der Marmelade verteilen. Den Puderzucker über den Crostatabelag stäuben und die Teigränder ein wenig nach innen über den Belag klappen. Den Kuchen im heißen Ofen ca. 30 Minuten backen.

## Die Variante

### Zitrus-Scones
Aus 300 g Mehl,
4 TL Backpulver,
2 TL Zucker, 1 Prise
Salz, 1 EL abgeriebener Orangenschale,
2 EL Orangeat und
90 g kalter Butter
einen bröseligen Teig
herstellen. 1 Ei und
4 EL Milch verquirlen
und zügig unter die
Krümelmasse mischen.
Den homogenen Teig
30 Minuten kühlen.
Den Teig 3 cm dick
ausrollen und Kreise
(6 cm Durchmesser)
ausstechen. Auf ein
Backblech setzen, mit
Milch bepinseln und
15 Minuten bei 200 °C
goldgelb backen.

# Früchtebrot-Bruschetta

## *ganz schnell gemacht*

DAS ORANGENAROMA DER BUTTER PASST WUNDERBAR ZUM WEIHNACHTLICHEN FRÜCHTEBROT UND MIT DEM KAKI-TATAR WIRD ES NOCH FRUCHTIGER.

### Zutaten für 15 Bruschette

#### Für die Orangenbutter

100 g weiche Butter

1–2 EL abgeriebene Orangenschale

#### Für das Kaki-Tatar

1 feste reife Kaki

1 EL Orangensaft

1 TL Vanillezucker

15 dünne Scheiben Früchte- oder Hutzelbrot

### Zeitbedarf
• 15 Minuten

### So geht's

1. Für die Orangenbutter die weiche Butter mit der frisch abgeriebenen Orangenschale gründlich vermengen, dazu am besten eine Gabel verwenden.

2. Für das Tatar die Kaki schälen, halbieren, den Strunk entfernen und das Fruchtfleisch in winzige Würfel schneiden. In einer Schüssel mit Orangensaft und Vanillezucker gut mischen.

3. Die Früchtebrotscheiben jeweils mit etwas Orangenbutter bestreichen und je nach Größe der Scheiben ganz lassen oder halbieren. Das Tatar nun auf den bestrichenen Brotscheiben verteilen und die Bruschette auf einem Teller anrichten.

# Lebkuchen-Tiramisu

## *mit Orange und Pistazien*

DIE WEIHNACHTLICHE VARIANTE DES ITALIENISCHEN DESSERT-KLASSIKERS
PASST HERVORRAGEND ZUM WINTERLICHEN KAFFEEKLATSCH.

## Zutaten für 4 Portionen

250 g Mascarpone

350 g Joghurt

½ TL Lebkuchengewürz

1 EL Zucker

11 EL Orangensaft

1 Orange

1 Honigkuchen (ca. 350 g)
oder 6–7 große Lebkuchen

2 EL gehackte Pistazien

1 EL Kakaopulver

1 TL Zimtpulver

**besonderes Werkzeug**
• Auflaufform ca. 25 x 25 cm

**Zeitbedarf**
• 25 Minuten
• 30 Minuten kühlen

## So geht's

1. Den Mascarpone mit Joghurt, Lebkuchengewürz, Zucker und 2 EL Orangensaft glatt rühren. Die Orange schälen und filetieren.

2. Den Honigkuchen in Scheiben und dann in Streifen bzw. die Lebkuchen in feine Streifen schneiden. Ein Drittel der Streifen mit der Schnittfläche nach oben in eine Auflaufform legen und mit 3 EL Orangensaft beträufeln. Nun ein Drittel der Mascarponecreme darauf verteilen, die Orangenfilets darauflegen und das zweite Drittel Kuchenstreifen einschichten. Wieder mit 3 EL Orangensaft beträufeln, ein weiteres Drittel Creme daraufgeben und die gehackten Pistazien darüberstreuen.

3. Die letzte Lage Kuchenstreifen einschichten und mit dem verbliebenen Orangensaft beträufeln, restliche Creme aufstreichen und das Tiramisu 30 Minuten im Kühlschrank ziehen lassen.

4. Kurz vor dem Servieren Kakao- und Zimtpulver mischen und das Tiramisu damit bestäuben.

## Die Variante

### Kalter Hund mit Spekulatius

Je 200 g Zartbitter- und Vollmilchschokolade mit 200 g Butter, 1 EL Honig und 1 TL Lebkuchengewürz in einem Topf langsam schmelzen und glatt rühren. 3 EL fein gehacktes Orangeat und 100 g gehackte Walnüsse mischen. Eine Kastenform (28 cm Länge) mit Frischhaltefolie auslegen. Etwas warme Schokoladenmasse in die Form gießen, sodass der Boden bedeckt ist. Abwechselnd die Nussmasse, 250–300 g Spekulatius und Schokoladenmasse in die Form einschichten, mit einer Lage Schokoladenmasse abschließen. Den Kalten Hund mindestens 5 Stunden im Kühlschrank fest werden lassen.

# Draußen kalt
## *drinnen heiß*

WENN IHRE GÄSTE DURCHGEFROREN MIT ROTEN NASEN UND KALTEN HÄNDEN VON DRAUSSEN KOMMEN, DANN HEIZEN SIE IHNEN MIT DIESEN GETRÄNKEN ERST EINMAL SO RICHTIG EIN.

### GEWÜRZKAFFEE

Für 4 Portionen 750 ml Wasser zusammen mit je 1 Stück frischer Orangen- und Zitronenschale, 4 Kardamomkapseln, 1 Zimtstange und 4 Nelken zum Kochen bringen. Zugedeckt ca. 15 Minuten köcheln lassen. Dann 7 EL grob gemahlenes Kaffeemehl (nach Möglichkeit dunkel geröstet) und nach Belieben 4 EL Zucker zugeben, umrühren und einmal aufkochen. Den Gewürzkaffee auf 4 Tassen verteilen, dabei am besten durch ein feines Sieb gießen.

## CRANBERRY-PUNSCH

1 Stück Ingwer (ca. 2 cm) schälen und grob zerkleinern, mit 200 ml kochendem Wasser übergießen und 10 Minuten ziehen lassen. 500 ml Cranberrysaft und 500 ml Blutorangensaft zusammen mit 2 EL Ingwersirup in einem Topf erhitzen, aber nicht aufkochen. 2 Ingwerpflaumen in feine Streifen schneiden und zusammen mit 2 EL getrockneten Cranberrys auf 4 Gläser verteilen. Das Ingwerwasser ohne die Ingwerstücke zu den erhitzten Säften geben und diese Mischung über die Früchte in den Gläsern geben. Wer es gerne mit Schuss mag, gibt vor dem Verteilen noch 100 ml Cointreau zu den Säften.

## WEISSER GLÜHWEIN

Für 4 Gläser 750 ml trockenen Weißwein, 2 Stücke Limettenschale, 4 Nelken, 1 Sternanis, 1 Stange Zitronengras, 400 ml klaren Birnensaft und 2 EL Honig langsam erhitzen. Dabei darauf achten, dass der Glühwein nicht aufkocht, sonst verflüchtigt sich der Alkohol. Auf die Gläser verteilen und mit je 1 Stange Zitronengras dekoriert servieren.

## ROTER GLÜHWEIN

Als rote Alternative bietet sich die entsprechende Menge trockener Rotwein an, gewürzt mit Orangenschale, Nelken, Zimtstange (anstatt Sternanis), Zitronengras, rotem Traubensaft oder Kirschsaft und Honig.

## TASSENKEKSE

Bei dieser essbaren Dekoration geht jedem das Herz auf – nicht nur im Winter: Aus dem Teig von Seite 129 (Tipp unten) mit einer Tassenkeks-Ausstechform Tassenkekse ausstechen, wie angegeben backen und die Kekse an die Gläser oder Tassen zum Servieren hängen. Auch als kleines Mitbringsel für den nächsten Kaffeeklatsch kommt eine Dose selbst gebackener Tassenkekse sicher sehr gut an.

# Herzenswärmer
## für kühle Tage und kuschelige Stunden

WENN ES DRAUSSEN KALT UND DUNKEL WIRD, BRAUCHEN WIR ETWAS
WÄRMENDES FÜR LEIB UND SEELE. VERSUCHEN SIE DIESE MISCHUNGEN
ALS GETRÄNK, ABER AUCH ALS LIEBES KLEINES GESCHENK.

### Mischung für roten Tee

1 TL getrocknete Hibiskusblüten

1 TL getrocknete Cranberrys

½ TL Holunderblüten

½ TL getrocknete Mangostücke

¼ TL rosa Pfeffer

### Mischung für Zitrustee

1 TL Roibusch pur

½ TL Orangenblüten

¼ TL Orangenschale

1 TL Zitronengras

1 TL Kokosraspeln

2 Tropfen reines ätherisches Öl
(z. B. Orange oder Grapefruit) nach Belieben

### TEEMISCHUNGEN VERPACKEN

Die angegebenen Mengen reichen für jeweils
einen Liter Tee. Eine einzelne Portion verpacken
Sie in ein Zellophantütchen oder gleich direkt
in einen Einmal-Teebeutel. Und so machen
Sie aus den einfachen Einmal-Teebeuteln etwas
ganz Besonderes: Nähen Sie die Beutel mit
buntem Faden in kleinen Stichen von Hand
oder mit der Nähmaschine – vielleicht sogar
mit Zickzackstich – zu. Mehrere solcher Beutel-
chen können Sie dann in eine größere Zello-
phantüte packen und mit einer schönen Schleife
oder Masking Tape verzieren.

Eine größere Menge Tee packen Sie in
eine dicht schließende Dose oder ein schönes,
fest verschließbares Glas. Zum Verschenken kommt noch ein Tee-Maß
dazu, mit dem man die Mischung
dann portionieren kann.

## AROMATISIERTER ZUCKER

Mit diesen Mischungen können Sie Kaffee und Tee ganz individuell süßen – und sie eignen sich auch prima als kleines Geschenk. Verpacken Sie den Zucker möglichst luftdicht, damit sein Aroma lange erhalten bleibt.

**Sesam-Gewürz-Zucker** 10 Kardamomkapseln, ½ TL Zimtpulver, 1 Msp. gemahlene Nelken und 1 EL braunen Zucker im Mörser sehr fein zermahlen. 2 Sesamkrokantriegel (à ca. 30 g) grob zerkleinern und zusammen mit den Gewürzen im elektrischen Blitzhacker oder in einer Kräutermühle fein mahlen.

**Zitrus-Zucker** Fein abgeriebene Schale je einer Bio-Orange und -Zitrone mit 60 g Zucker mischen. Die Mischung auf ein mit Backpapier ausgelegtes Backblech geben und im Ofen bei 120 °C (Umluft 100 °C) 1 Stunde trocknen, dabei einige Male umrühren.

**Blüten-Zucker** 3 EL gemischte Blüten (entweder ungespritzte Blüten nach Belieben selbst trocknen oder fertig getrocknete Blüten oder Blütenmischungen verwenden, beispielsweise Rosen-, Kornblumenblätter oder Lavendelblüten) mit 60 g Hagelzucker mischen und in eine hübsche Gewürzmühle füllen.

## SCHOKOLADE IM TÜTCHEN

Für alle, die heiße Schokolade mit individueller Note lieben! Mischen Sie pro Tassenportion 2–3 EL Kakaopulver mit insgesamt ½ TL – 1 EL Aromazutaten. Dafür eignet sich alles, was gut mit Schokolade harmoniert: getrocknete und fein gemahlene Orangenschale, Kokosflocken, Zimt-, Kardamom-, Koriander- und sogar Chilipulver, fein gemahlenes Vanillemark. Die Mischung füllen Sie in kleine Zellophantütchen oder Sie nähen mit der Nähmaschine aus Backpapier kleine aufreißbare Portionstütchen.

KOMM ZUR
# Backparty

EIN SPASS FÜR GROSS
UND KLEIN: GEMEINSAM
KNETEN, WELLEN,
AUSSTECHEN, VERZIEREN
UND VERNASCHEN.
EIN GANZ GESELLIGER
KAFFEEKLATSCH,
BEI DEM AM ENDE JEDER
ETWAS MIT NACH HAUSE
NEHMEN KANN.

# Praktisch und witzig
## mit Pergament und Glas

AM ENDE DER PARTY DARF JEDER GAST EINEN TEIL DER BACKWERKE
MIT NACH HAUSE NEHMEN. DAS KÖNNEN SIE SCHON BEI DER EINLADUNG
ANDEUTEN UND VORBEREITEN.

## AUFGESTEMPELT

Kleine Tütchen aus Pergamentpapier gibt es in
jedem Supermarkt. Schreiben Sie ganz einfach
darauf Ihre Einladung. Noch origineller sieht es
aus, wenn Sie Anrede und Anlass aufstempeln.
Stempelsets dafür bekommen Sie preisgünstig
im Internet oder im Bastelladen. So können Sie
auch weitere Tütchen und Etiketten vorbereiten
und jeder Gast kann vom Gebäck etwas schön
verpackt mit nach Hause nehmen.

## IM GLAS

Vielleicht entscheiden Sie sich ja dafür, bei
Ihrer Backparty die Kuchen im Glas zu backen
oder eine eigene Backmischung herzustellen.
Dann stecken Sie die Einladung doch einfach
in ein geeignetes Glas, Schleife drum und fertig.

## BACKMISCHUNG

Stellen Sie mit Ihren Gästen doch einmal eine
eigene Backmischung her – eine tolle Erinnerung an die Backparty. Sie brauchen dafür pro
Portion 170 g Mehl, ½ TL Natron, ½ TL Salz,
50 g feine Haferflocken, 50 g gehackte Kürbis-
kerne, 100 g gehackte Zartbitterschokolade,
120 g braunen Zucker, 2 Päckchen Vanillezucker und 50 g getrocknete Cranberrys. Die
Zutaten werden nun Schicht für Schicht in
die vorbereiteten Gläser gefüllt.

## FERTIG BACKEN

Und so werden später aus der Mischung feine
Cookies: 150 g geschmolzene Butter mit 1 Ei
verquirlen und die Backmischung unterkneten.
Mit einem Teelöffel kleine Teighäufchen auf ein
mit Backpapier belegtes Blech setzen und bei
180 °C (Umluft 160 °C) 8–10 Minuten backen.

# Kuchen im Glas

## *gästefein und vorratstauglich*

NICHT NUR EIN HÜBSCHES „MITNEHMSEL" FÜR DIE PARTYGÄSTE, SONDERN AUCH EIN SÜSSER VORRAT FÜR DEN GANZ SPONTANEN KAFFEEKLATSCH.

## Zutaten für 4 Gläser

- 400 g Mehl
- 80 g gemahlene Haselnüsse
- 4 EL gehackte Walnüsse
- 5 TL Backpulver
- ½ TL Zimtpulver
- 240 g Butter
- 150 g Zucker
- 4 Eier (Größe M)
- 4 EL Ahornsirup
- 80 ml Milch

### besonderes Werkzeug
- 4 Einmachgläser à 750 ml mit Deckel und Gummi
- Klammern zum Verschließen der Gläser

### Zeitbedarf
- 20 Minuten
- 50 Minuten backen

## So geht's

1. Den Backofen auf 180 °C (Umluft 160 °C) vorheizen. Die Einmachgläser einfetten und mit Mehl ausstäuben. Achten Sie dabei darauf, dass die oberen Ränder sauber bleiben. Mehl, Nüsse, Back- und Zimtpulver mischen. Die Butter mit dem Zucker cremig schlagen und dann die Eier einzeln dazugeben und unterrühren. Nun abwechselnd Ahornsirup, Milch und die Mehlmischung unterrühren.

2. Den Teig in die vorbereiteten Gläser verteilen und im heißen Ofen ca. 50 Minuten backen. Machen Sie am besten die Probe mit einem Holzstäbchen, damit die Kuchen auch wirklich durchgebacken sind.

3. Die Einmachgläser aus dem Ofen nehmen und sofort den Deckel mit Gummi aufsetzen und die Gläser mit Klammern fest verschließen. Vollständig abkühlen lassen und an einem kühlen und dunklen Ort aufbewahren.

Die Kuchen im Glas halten sich rund 6 Monate.

**GLEICH VERNASCHEN** Wer den Kuchen sofort essen will, sollte zumindest warten, bis er im Glas ganz ausgekühlt ist, und dann erst stürzen. Auch fein: Verwenden Sie kleine Portionsgläser und jeder löffelt seinen noch lauwarmen Kuchen direkt aus dem Glas – verfeinert mit Vanillesahne, Nusskrokant oder Nugatcreme.

Die Gäste bekommen ein
Tütchen Orangentaler „für
zu Hause". Bestempeln Sie
dafür Pergamenttütchen
mit dieser Aufschrift –
oder auch dem Namen der
Gäste – und jeder darf sich
dann einen Teil der ausgekühlten Kekse einpacken.

# Orangentaler
## *für zu Hause*

NENNEN WIR DIESE PLÄTZCHEN DOCH EINFACH KEKSE UND SCHON PASSEN SIE IN JEDE JAHRESZEIT UND SCHMECKEN ZU TEE, KAFFEE UND KAKAO.

## Zutaten für 50 Taler

- 150 g Mehl
- 150 g gemahlene Haselnüsse
- 40 g Speisestärke
- 1 Bio-Orange
- 120 g Zucker
- ½ TL Salz
- 180 g weiche Butter
- 1 EL Orangenlikör
- 2 EL feiner Zucker
- ½ TL Zimtpulver

## Zeitbedarf

- 20 Minuten
- 30 Minuten kühlen
- 20 Minuten backen

## So geht's

1. Das Mehl mit den Haselnüssen und der Speisestärke mischen. Die Orange heiß waschen, abtrocknen und die Schale fein abreiben. Zucker und Salz mit der weichen Butter cremig rühren und den Orangenlikör sowie die Orangenschale unterrühren. Dann die Mehlmischung zügig unterkneten. Den Teig halbieren und jede Teighälfte zu einer 15 cm langen Rolle formen.

2. Den feinen Zucker mit Zimtpulver mischen. Die Teigrollen in der Zimtzuckermischung wälzen und den Zucker etwas andrücken, sodass sie gleichmäßig bedeckt sind. Die Rollen in Frischhaltefolie wickeln und mindestens 30 Minuten im Kühlschrank ruhen lassen.

3. Den Backofen auf 180 °C (Umluft 160 °C) vorheizen. Zwei Backbleche mit Backpapier auslegen. Die Teigrollen nun in ca. 0,5 cm breite Scheiben schneiden und auf die Backbleche legen. Die Taler im heißen Ofen jeweils 8 – 10 Minuten backen. Aus dem Ofen nehmen und auskühlen lassen.

**ALLZWECKTEIG MIT SAUERRAHM** Verkneten Sie 300 g Mehl, 100 g Zucker, 1 Päckchen Vanillezucker, 1 Prise Salz, etwas frisch abgeriebene Zitronenschale, 1 Ei, 150 g kalte Butter und 50 g Sauerrahm zu einem glatten Teig. Vor dem Ausrollen und Ausstechen 1 Stunde kühlen. Bei 180 °C (Umluft 160 °C) ca. 10 Minuten backen.

# Schoko-Shortbread
## *für Schokoholics*

DIE KOMBINATION AUS SÜSS UND SALZIG IST DAS TYPISCHE AM BRITISCHEN SHORTBREAD UND PASST BESONDERS GUT ZU EINER TASSE KRÄFTIGEM SCHWARZTEE.

## Zutaten für 12 Kekse

| |
|---|
| 150 g kalte Butter |
| 75 g Puderzucker |
| 1 TL Meersalz |
| 200 g Mehl |
| 50 g Speisestärke |
| 3 EL Kakaopulver |

### besonderes Werkzeug
• Springform Ø 20 cm

### Zeitbedarf
• 15 Minuten
• 2 Stunden kühlen
• 35 Minuten backen

## So geht's

1. Die Butter in Würfel schneiden und zusammen mit Zucker, Meersalz, Mehl, Speisestärke und Kakaopulver zügig verkneten, sodass ein glatter Teig entsteht. Besonders gut gelingt ein homogener Teig in der Küchenmaschine. Den Teig gut 1 cm dick in der Größe der Springform ausrollen und in Frischhaltefolie gewickelt mindestens 2 Stunden im Kühlschrank kühlen.

2. Den Backofen auf 180 °C (Umluft 160 °C) vorheizen und Backpapier auf den Boden einer Springform einspannen. Den vorgeformten Teig in die Form geben, mit einem Messer in die gewünschten Stücke vorschneiden (z. B. wie einen Kuchen in 12 Stücke) und mit einer Gabel mehrmals einstechen. Dann im heißen Ofen 35–40 Minuten backen.

3. Den fertig gebackenen Teig aus der Springform nehmen und die noch warmen Kekse an den vorgegebenen „Sollbruchstellen" auseinanderbrechen oder –schneiden.

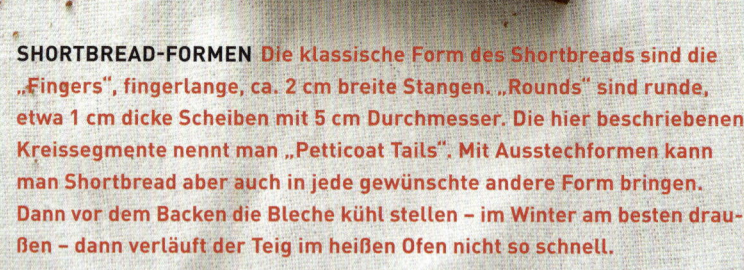

**SHORTBREAD-FORMEN** Die klassische Form des Shortbreads sind die „Fingers", fingerlange, ca. 2 cm breite Stangen. „Rounds" sind runde, etwa 1 cm dicke Scheiben mit 5 cm Durchmesser. Die hier beschriebenen Kreissegmente nennt man „Petticoat Tails". Mit Ausstechformen kann man Shortbread aber auch in jede gewünschte andere Form bringen. Dann vor dem Backen die Bleche kühl stellen – im Winter am besten draußen – dann verläuft der Teig im heißen Ofen nicht so schnell.

# Weiße Cookies
## *mit Sesamsamen*

FÜR ALLE KEKS-LIEBHABER: DER TEIG IST SCHNELL GEMACHT, IN HÄUFCHEN AUFS BLECH GESETZT UND IN WENIGER ALS 10 MINUTEN GEBACKEN.

## Zutaten für 50 Stück

120 g Butter

170 g Mehl

80 g geröstete Sesamsamen

½ TL Natron

½ TL Salz

100 g weiße Schokolade

100 g heller Muscovado-Zucker

2 Päckchen Vanillezucker

1 Ei (Größe L)

## Zeitbedarf
• 20 Minuten
• ca. 30 Minuten backen

## So geht's

1. Die Butter in einem Topf schmelzen und leicht bräunen, dann abkühlen lassen. Das Mehl mit Sesamsamen, Natron und Salz mischen. Die Schokolade grob hacken. Die abgekühlte Butter mit dem Muscovado-Zucker und Vanillezucker zu einer cremigen Masse schlagen, das Ei zugeben und unterrühren. Die Mehl-mischung dazugeben, zügig unterheben und die gehackten Scho-koladenstückchen einarbeiten.

2. Den Backofen auf 180 °C (Umluft 160 °C) vorheizen und zwei Back-bleche mit Backpapier belegen. Den Teig mit einem Teelöffel oder einem Kugelausstecher mit ca. 2 cm Durchmesser in Häufchen bzw. Kugeln auf die Bleche geben. Zwischen den Teigportionen genügend Platz lassen, da die Cookies beim Backen auseinander-laufen. Die Cookies im heißen Ofen ca. 8 Minuten goldgelb backen.

**MUSCOVADO-ZUCKER** ist unraffinierter, ungereinigter Rohrzucker, der einen feinen malzigen und karamellähnlichen Eigengeschmack besitzt. Man bekommt ihn meist in der Bio-Abteilung größerer Supermärkte.

# Schnelle Trüffel
## *mit Currypulver*

EINE TOLLE AKTION FÜR EINEN SÜSSEN NACHMITTAG MIT FREUNDEN: PRALINEN SELBER MACHEN! OB DA NOCH WELCHE FÜR ZU HAUSE ÜBRIG BLEIBEN ...?

### Zutaten für 40 Trüffel

200 g Zartbitter-Schokolade

4–6 EL Sahne

1–2 TL Currypulver
(mild oder scharf)

Kakaopulver

### Zeitbedarf
• 45 Minuten

### So geht's

1. Die Schokolade auf einer Küchenreibe sehr fein reiben. Anschließend die Schokolade mit der Sahne und dem Currypulver zu einer glatten Masse verkneten **[→ a]**.

2. Das Kakaopulver in einem tiefen Teller bereitstellen. Aus der Trüffelmasse nun mit einem Teelöffel kleine Portionen abstechen und zwischen den Händen kleine Kugeln drehen **[→ b]**. Diese in das Kakaopulver geben und darin wälzen, bis sie rundum davon bedeckt sind. Zur Aufbewahrung die Pralinen in eine luftdicht verschlossene Dose geben.

Frisch schmecken die Trüffel am besten, sie halten sich aber kühl – nicht im Kühlschrank – und dunkel gelagert 1–2 Wochen.

**STRACCIATELLA-TRÜFFEL** Wer es etwas milder mag, probiert diese Trüffel: Je 1 Tafel (100 g) weiße und zartbittere Schokolade sehr fein reiben. Wie beschrieben mit 4 EL Sahne und ½ TL gemahlene Tonkabohne oder dem Mark von 1 Vanilleschote verkneten. Aus der Trüffelmasse nun die Kugeln drehen und in weißem Kakaopulver wälzen.

[a]

[b]

## DAS IST
## *wirklich*
### WICHTIG

**[a] VERKNETEN** Am besten lässt sich die Trüffelmasse mit einer Gabel bearbeiten. Nach und nach ändert sich dabei die Konsistenz von krümelig zu cremig.

**[b] KUGELN FORMEN** Sie können Ihre Hände immer wieder unter kaltem Wasser abkühlen, so wird die Masse beim Formen nicht zu weich und die Kugeln werden schön rund.

# Süße Sünden

## *verführen zum Naschen*

WER EINMAL AUF DEN GESCHMACK GEKOMMEN IST, PRALINEN SELBST ZU MACHEN, DER WIRD GERNE IMMER WIEDER NEUE KREATIONEN AUSPROBIEREN. TESTEN SIE MAL DIESE…

### MARZIPAN-KIRSCH-KUGELN

200 g getrocknete Sauerkirschen sehr fein hacken und mit 25 g Sauerkirschkonfitüre und 1 EL Batida de Coco oder Kokosmilch sowie ¼ TL gemahlenem Kardamom gut vermengen. Aus dieser Kirschmasse mit befeuchteten Händen ca. 45 kleine Kugeln von etwa 1 cm Durchmesser formen. 1 Packung Marzipandecke (300 g) ausrollen und 45 Kreise von 4 cm Durchmesser ausstechen. Auf jeden Kreis eine Kirschkugel setzen und diese mit dem Marzipan umschließen. Zwischen den Handflächen zu glatten Kugeln rollen. 50 g fein gemahlene Pistazien auf einen flachen Teller geben und die Kugeln darin wälzen, sodass die gesamte Oberfläche gleichmäßig mit Pistazien bedeckt ist.

**Fruchtige Füllungen** Die Füllung für diese fruchtigen Pralinen lässt sich beliebig variieren. Der individuellen Kreativität sind keine Grenzen gesetzt. Versuchen Sie doch mal eine Füllung aus 200 g getrockneten, fein gehackten Aprikosen, 25 g Aprikosenkonfitüre, 1 EL Cointreau und etwas Zimtpulver und wälzen Sie die fertigen Kugeln dann in Kakaopulver. Oder Sie füllen das Marzipan mit einer Mischung aus 3 EL gemahlenen Cashewkernen, jeweils 75 g fein gehackten getrockneten Ananas- und Mangostücken, 25 g Aprikosenkonfitüre und 1 EL Zitronensaft.

## WALNUSS-KARAMELL-TRÜFFEL

50 g Sahne und 2 EL Butter in einem kleinen Topf erhitzen. 200 g Vollmilchschokolade mit Karamellstückchen (z. B. Milka & Daim) grob hacken und in eine Schüssel geben. Die heiße Sahne-Butter-Mischung darüber gießen und die Schokolade unter ständigem Rühren darin schmelzen. 4 EL fein gehackte Walnüsse unterrühren. Über Nacht im Kühlschrank ruhen lassen. Aus der Masse mit einem Teelöffel kleine Portionen abstechen und daraus zwischen den Handflächen haselnussgroße Kugeln formen. Die fertigen Trüffel auf einem leicht eingefetteten Teller oder einem mit Backpapier belegten Brett mindestens 30 Minuten kühlen. Dann in gesiebtem Puderzucker wälzen, bis die Kugeln gleichmäßig davon bedeckt sind.

## KNACKIGE SCHOKOPLÄTTCHEN

Wer es weniger cremig mag, für den sind diese Schokoplättchen genau richtig:

100 g Zartbitter-Kuvertüre über einem Wasserbad langsam schmelzen. 100 g grob gehackte Zartbitter-Kuvertüre in eine Schüssel geben und die geschmolzene Kuvertüre darübergießen. Gut umrühren, sodass die Kuvertüre schmilzt und eine glatte und glänzende Masse entsteht. Die Schokolade mit einem Esslöffel in kleinen Klecksen oder Kreisen auf einer Backmatte oder einer mit Backpapier belegten glatten Fläche verteilen. Nun nach Belieben mit grob gehackten oder ganzen Cranberrys, gehackten Cashewkernen oder Pistazien, kandierten Ingwerstückchen, Kürbiskernen, grobem Meersalz oder auch Chilifäden bestreuen und trocknen lassen.

**Variantenreich** Ganz nach Lust und Laune, Geschmack und Anlass können Sie die Schokoplättchen mit den unterschiedlichsten Zutaten bestreuen und aromatisieren. Für Weihnachten geben Sie 1–2 TL Lebkuchengewürz in die geschmolzene Kuvertüre und bestreuen die Plättchen mit feinen Mandelsplittern oder winzigen Orangeat-Würfelchen. Kinder mögen gerne eine Variante aus Vollmilch-Kuvertüre bestreut mit bunten Zuckerperlen.

Auch verschiedene Formen lassen sich herstellen: Dafür streichen Sie die geschmolzene Kuvertüre auf einer Backmatte oder einem Backpapier aus. Nun mit den Zutaten Ihrer Wahl bestreuen und vollständig fest werden lassen. Aus der festen Schokoladenmasse mit Ausstechformen die gewünschten Figuren ausstechen. Am besten geht das, wenn Sie die Ausstechformen vorher kurz in heißes Wasser tauchen.

## HÜBSCH VERPACKT

Sowohl die Pralinen als auch die Schokoplättchen sind eine schöne Erinnerung an die gemeinsame Backparty oder auch ein nettes kleines Geschenk aus der eigenen Küche. Die Pralinen können Sie einzeln in kleine Pralinenförmchen aus Papier setzen und diese dann nebeneinander in eine kleine Schachtel packen. Auch Zellophan- und Pergamenttütchen eignen sich – individuell verziert – zum Verpacken. Und in einem schönen Glas mit Deckel wirken diese süßen Sünden ganz besonders verlockend.

# Waffelherzen

### *klassisch oder mit Sauerrahm*

WAFFELN SIND DER ABSOLUTE KLASSIKER AUF DER GEMEINSAM-BACKEN-
HITLISTE: SIE SIND SCHNELL FERTIG UND LASSEN SICH WUNDERBAR VARIIEREN.

## Zutaten für 14 Waffeln

### Für Sauerrahmwaffeln

300 g Dinkelmehl

150 ml Milch, 250 g Sauerrahm

2 EL Vanillezucker

4 EL Honig, ½ TL Zimtpulver

1 Prise Salz, 4 Eier (Größe M)

60 g weiche Butter

### Für klassische Waffeln

3 Eier, 1 Prise Salz

250 g Mehl, 1 TL Backpulver

120 g weiche Butter

100 g Zucker

Saft und Schale von ½ Zitrone

150 ml Milch

Fett für das Waffeleisen

## besonderes Werkzeug
• Waffeleisen

## Zeitbedarf
• 30 Minuten
• ca. 60 Minuten backen

## So geht's

1. Für die Sauerrahmwaffeln Mehl, Milch, die Hälfte des Sauer-
rahms, Vanillezucker, Honig, Zimtpulver und Salz mischen und
mind. 20 Minuten quellen lassen. Dann abwechselnd die Eier,
den übrigen Sauerrahm und die Butter unterrühren und den Teig
noch einmal 10 Minuten ruhen lassen.

2. Für die klassischen Waffeln die Eier trennen und die Eiweiße
mit 1 Prise Salz steif schlagen. Das Mehl mit dem Backpulver
mischen. Butter, Zucker, Zitronensaft und -schale mit dem Handrührgerät cremig rühren. Die Eigelbe nach und nach zugeben
und unterrühren. Abwechselnd Mehlmischung und Milch unterheben und zuletzt den Eischnee unterziehen.

3. Das Waffeleisen vorheizen und leicht einfetten. Die Teige portionsweise 3–5 Minuten (je nach Waffeleisen) ausbacken.

**DAS SCHMECKT DAZU** Dippen Sie die Waffelherzen in eine fruchtige
Mischung aus 200 g Mascarpone, 100 g Sauerrahm, 1 EL Puderzucker und
300 g Himbeeren. Auch klassisches Apfelmus, Schokosahne (S. 44) oder
Bratapfelcreme (S. 109) veredeln die kleinen Herzen.

# Sirup und Limonade
## *fruchtig, spritzig, frisch*

ZU SELBST GEBACKENEN KUCHEN, WAFFELN UND ANDEREN LECKEREIEN
SCHMECKEN NATÜRLICH AUCH SELBST GEMACHTE GETRÄNKE AM BESTEN.
UND DIE GEMEINSAME ZUBEREITUNG MACHT BESONDERS SPASS.

### SIRUP

Sirup ist besonders simpel in der Herstellung,
dafür aber ungemein lecker, vielseitig einsetzbar
und durchaus auch ein effektvolles Geschenk.

**Himbeersirup** Für ca. 250 ml Sirup 500 g frische oder tiefgefrorene Himbeeren (die frischen
verlesen, waschen und trocken tupfen) mit
150 g Zucker mischen und über Nacht ziehen
lassen. Dann die Himbeermasse fein pürieren,
durch ein Sieb streichen und mit 200 g Zucker
in einem Topf aufkochen, dabei immer wieder
umrühren. Bei schwacher Hitze unter gelegent-
lichem Rühren in ca. 15 Minuten sirupartig
einkochen. Den Sirup abgekühlt in eine saubere
Flasche füllen und verschließen.

**Apfel-Ingwer-Sirup** Für ca. 300 ml Sirup
130 g Zucker mit 200 ml Apfelsaft (Direktsaft)
in einem Topf aufkochen. 40 g Ingwer schälen,
in kleine Würfel schneiden und zum Zuckersirup geben. Gut unterrühren und bei schwacher
Hitze in ca. 15 Minuten sirupartig einkochen.
Den Sirup abgekühlt in eine saubere Flasche
füllen und verschließen.

**Orangen-Thymian-Sirup** Für ca. 300 ml Sirup
120 g Zucker mit 200 ml Orangensaft (Direktsaft) in einem Topf aufkochen. 3 Zweige
Thymian waschen, trocken schütteln, die Blättchen abzupfen und zum Zuckersirup geben.
Gut unterrühren und bei schwacher Hitze in
ca. 15 Minuten sirupartig einkochen.

## HAUSGEMACHTE LIMONADE

So leicht selbstgemacht und so lecker! Die einfachste Variante ist, die nebenan beschriebenen Sirups einfach mit Mineralwasser aufzugießen. Ja nach Geschmack im Verhältnis 1:4 oder 1:5 mischen, vielleicht noch ein paar Eiswürfel dazu, Trinkhalm rein und fertig. Zum Verschenken ein kleines Etikett an der Sirupflasche befestigen und das Rezept für die fertige Limo draufschreiben.

**Kräuterlimonade** Aus 100 ml Apfelsaft, 1 TL Honig, 2–3 EL gehackten Kräutern (Rosmarin, Thymian, Minze und Melisse) und 100 ml heißem Wasser einen Sud zubereiten. Diesen nach Belieben noch mit 2–3 EL Zitronensaft verfeinern und mindestens 1–2 Stunden ziehen und ganz abkühlen lassen. Dann durch ein Sieb in eine hübsche Karaffe gießen, mit 750 ml Mineralwasser aufgießen und servieren. Ergibt etwa 1 Liter.

**XMas-Limo** Pro Glas 2 EL Glühweinsauce von Seite 108 mit 50 ml Grapefruitsaft mischen und mit 200 ml Sodawasser übergießen. Mit einer langen Zimtstange zum Umrühren servieren.

**Aromawasser** Ganz besonders schnell gemacht ist fein aromatisiertes Wasser. Für 1 Liter stilles oder sprudelndes Mineralwasser reicht schon eine kleine Hand voll aromatisierender Zutaten. Frische Früchte und Kräuter sind besonders gut geeignet. Einfach klein schneiden, in eine Karaffe geben und mit Mineralwasser aufgießen. Versuchen Sie mal eine Mischung aus 5 klein geschnittenen Erdbeeren, einem walnussgroßen Stück Ingwer – geschält und in Scheiben geschnitten – und den Blättern von einem großen Zweig Minze. Sehr erfrischend!

# Rezeptregister

# Themenregister

# Akteure

**Dagmar Reichel** liebt den Genuss und das süße Leben – und als Mutter zweier Kinder weiß sie, dass gerade das Genießen nicht zu kurz kommen darf. Besonders gerne verzaubert Sie ihre Gäste mit stilvollen und abwechslungsreichen Kaffee-Einladungen, deren Vorbereitung schon ein Vergnügen für sich ist. In diesem Buch zeigt Sie neben Ihren liebsten Rezepten auch viele Ideen für witzige Einladungen, stilvolle Deko und andere nette Kleinigkeiten für liebe Gäste. Auf ihrem Kleine-Kinder-Große-Leute-Food-und-Genuss-Blog (www.einbisschensonntag.de) will sie zum kulinarischen Nachdenken anregen und vor allem Familien das gemeinsame Genießen näher bringen. Dagmar Reichel ist Diplom-Oecotrophologin und arbeitet als freie Autorin, Lektorin und Foodstylistin in den Bereichen Ernährung, Genuss und Gesundheit.

**Mirjam Fruscella** fotografiert überwiegend im Bereich Interiordesign und arbeitet international für verschiedene Wohn- und Einrichtungsmagazine. Doch inzwischen verbindet sie ihre Leidenschaft für Fotografie auch mit ihrer Liebe zu richtig gutem Essen – ihr Vater ist italienischer Koch – und setzt für ihr erstes Kochbuch die süßen Sünden verführerisch in Szene.

**Natascha Sanwald** arbeitet als freie Stylistin im Bereich Interiordesign und entwickelt Wohnkonzepte, Produktionen und Stylings für internationale Magazine und renommierte Firmen. Sie hat bereits mehrere Buchkonzepte verwirklicht und sich für dieses Projekt all die wunderbaren Kleinigkeiten ausgedacht, die eine Kaffeetafel erst so richtig schön machen.

**Sarah Trenkle** ist gelernte Köchin und hat in verschiedenen Sterne-Restaurants Erfahrungen mit Schwerpunkt Patisserie und Chocolaterie gesammelt, bevor sie sich vor einigen Jahren als Foodstylistin selbstständig gemacht hat. Heute arbeitet Sie für verschiedene Zeitschriften und Buchverlage im In- und Ausland. Für den „Kaffeeklatsch" konnte Sie ihre große Liebe zu Süßem, Gebackenem und Schokolade ausleben und hat all die feinen Köstlichen appetitlich arrangiert.

Das Team und der Verlag danken den Firmen Rosenthal (www.rosenthal.de) und Die vier Jahreszeiten (Susanne Reichhart, Bahnhofsplatz 5, 82051 Deisenhofen) für die freundliche Unterstützung der Fotoproduktion für dieses Buch.

Danke auch an Annett, Andreas, Marika, Carsten, Greta und Marlene.

# Impressum

Mit 138 Farbfotos von Mirjam Fruscella

Umschlaggestaltung von Gramisci Editoraldesign, München, unter Verwendung zweier Fotos von Mirjam Fruscella.

Rezepte, Geling-Tipps, Infos zum KOSMOS-Kochbuch-Programm und vieles mehr unter **kosmos.de/gut-gekocht.de**

Unser gesamtes lieferbares Programm und viele weitere Informationen zu unseren Büchern, Spielen, Experimentierkästen, DVDs, Autoren und Aktivitäten finden Sie unter **kosmos.de**

Gedruckt auf chlorfrei gebleichtem Papier

© 2012, Franckh-Kosmos Verlags-GmbH & Co. KG, Stuttgart
Alle Rechte vorbehalten
ISBN 978-3-440-13286-9
Projektleitung und Lektorat: Claudia Salata
Gestaltungskonzept und Layout:
Gramisci Editorialdesign, München
Satz: Atelier Krohmer, Dettingen/Erms
Produktion: Eva Schmidt
Printed in Germany / Imprimé en Allemagne

FSC
www.fsc.org
MIX
Papier aus verantwortungsvollen Quellen
FSC® C004592